Mulheres
da Bíblia

Dados Internacionais de Catalogação na Publicação (CIP)
(Câmara Brasileira do Livro, SP, Brasil)

Grün, Anselm
  Mulheres da Bíblia : força e ousadia para viver o que você é / Anselm Grün , Linda Jarosch ; tradução de Janaisa Martins Viscardi – Petrópolis, RJ : Vozes, 2013.

  Título original : Königin und wilde Frau – Lebe, was du bist!

  8ª reimpressão, 2024.

  ISBN 978-85-326-4546-3

  1. Mulheres cristãs – Vida religiosa 2. Mulheres da Bíblia I. Título.

13-02058   CDD-220.83054

Índices para catálogo sistemático:
1. Mulheres da Bíblia   220.83054

Anselm Grün
Linda Jarosch

Mulheres
da Bíblia

*Força e ousadia para
viver o que você é*

Tradução de Janaisa Martins Viscardi

© by Vier-Türme GmbH, Verlag, D-97359 Münsterschwarzach Abtei

Tradução do original em alemão intitulado
Königin und wilde Frau – Lebe, was du bist!

Direitos de publicação em língua portuguesa – Brasil:

2013, Editora Vozes Ltda.
Rua Frei Luís, 100
25689-900 Petrópolis, RJ
www.vozes.com.br
Brasil

Todos os direitos reservados. Nenhuma parte desta obra poderá ser
reproduzida ou transmitida por qualquer forma e/ou quaisquer meios
(eletrônico ou mecânico, incluindo fotocópia e gravação) ou arquivada em
qualquer sistema ou banco de dados sem permissão escrita da editora.

CONSELHO EDITORIAL

Diretor
Volney J. Berkenbrock

Editores
Aline dos Santos Carneiro
Edrian Josué Pasini
Marilac Loraine Oleniki
Welder Lancieri Marchini

Conselheiros
Elói Dionísio Piva
Francisco Morás
Gilberto Gonçalves Garcia
Ludovico Garmus
Teobaldo Heidemann

Secretário executivo
Leonardo A.R.T. dos Santos

PRODUÇÃO EDITORIAL

Aline L.R. de Barros
Jailson Scota
Marcelo Telles
Mirela de Oliveira
Natália França
Otaviano M. Cunha
Priscilla A.F. Alves
Rafael de Oliveira
Samuel Rezende
Vanessa Luz
Verônica M. Guedes

Editoração: Rachel Fernandes
Diagramação: Sheilandre Desenv. Gráfico
Capa: Érico Lebedenco

ISBN 978-85-326-4546-3 (Brasil)
ISBN 978-3-87868-292-9 (Alemanha)

Este livro foi composto e impresso pela Editora Vozes Ltda.

Sumário

Introdução, 7

Arquétipos da mulher

1 Débora: a juíza, 15

2 Ester: a rainha, 27

3 Eva: a mãe, 43

4 Agar: abandonada, mas protegida pelo anjo, 61

5 Ana: a mulher sábia, 75

6 Judite: a lutadora, 85

7 Lídia: a sacerdotisa, 99

8 Maria Madalena: a amante apaixonada, 109

9 Maria: a transformada, 125

10 Marta e Maria: a anfitriã e a artista, 139

11 Miriam: a profetisa, 149

12 Rute: a estrangeira, 159

13 Sara: a sorridente, 169

14 Tamar: a fera, 181

Posfácio, 199

Referências, 205

INTRODUÇÃO

Anselm Grün: Quantas mulheres já não se sentiram como uma rainha? E quantas não se identificariam com a imagem de uma fera? Rainha e fera: um número incontável de mulheres sente a fascinação dessas imagens, mas infelizmente poucas se permitem essas facetas de sua feminilidade. O que move muitas mulheres nos dias atuais é, acima de tudo, a ânsia por liberdade e independência. Elas buscam o potencial que se esconde dentro de si e não querem ser definidas por seu trabalho, tampouco pelas expectativas de seus maridos e filhos. Mulheres modernas querem viver as suas próprias vidas e descobrir suas aptidões, a partir de sua própria força e capacidade, ao invés de se deixarem definir pelas expectativas dos que estão ao seu redor. Ao mesmo tempo, muitas vezes elas sofrem por se sentirem incompreendidas e sozinhas em seu caminho de "tornar-se mulher".

Linda Jarosch: *Em um Dia Internacional da Mulher, do qual algumas mulheres africanas também fizeram parte, as participantes afirmaram que não eram tão fortes quanto as mulheres alemãs enquanto indivíduos, mas que extraíam mais força da cooperação entre si. As mulheres africanas compartilharam* *ainda a impressão que tinham de que a maioria das mulheres na Alemanha era infeliz. De fato, muitas mulheres têm se posicionado com o intuito de se desprender de seu papel de vítima e da frequentemente adquirida autodepreciação, que leva exatamente a esse descontentamento. Essas mulheres confiaram em sua feminilidade de alguma maneira e deixaram de culpar unicamente os homens por sua própria miséria. Elas se reconciliaram com as feridas que a vida trouxe consigo e seguem um novo caminho rumo à sua liberdade interior.*

Porque se respeitam e se valorizam como mulheres, elas não se deixam mais abater pelos comentários depreciativos. Reconhecem o seu valor feminino, o que lhes dá prazer e uma nova leveza em ser mulher. É assim que muitas mulheres começam a viver por si mesmas. Quando se reúnem, poderiam chorar juntas, mas muitas delas preferem rir intensamente junto de suas amigas, e nesse sorriso está também sua força. Com isso, as mulheres sentem que podem viver por si mesmas e decidem que não querem mais apenas reclamar sobre aqueles que as impedem de viver verdadeiramente.

O movimento feminista dos anos de 1970 lutou primordialmente pela igualdade de direitos das mulheres. Naquele momento era importante rejeitar antigos clichês sobre o papel delas na sociedade. No entanto, correu-se o risco de igualar a mulher ao homem, ao invés de acentuar a singularidade e a alteridade femininas. Hoje, o movimento feminista pretende não só conquistar a igualdade de direitos para as mulheres, como também enfatizar a alteridade feminina. Até mesmo biologicamente a mulher desenvolveu lados distintos em comparação ao homem, e é justamente na diferença entre homens e mulheres que repousa um potencial único. Não se trata, portanto, de definir a mulher a partir de uma imagem em particular.

A partir da Biologia e da Psicologia do Desenvolvimento, Norbert Bischof e sua esposa, Doris Bischof- Köhler, ambos professores da Universidade de Zurique, concluíram que as mulheres desenvolveram, desde os primórdios, um comportamento diferente dos homens em relação à sexualidade, reprodução, educação dos filhos e provisão de alimentos. E o que a Biologia inscreveu em nosso ser não se deixa tão facilmente apagar.

O argumento sociológico de que a diferença entre homens e mulheres está condicionada apenas à educação não é necessariamente verdadeiro. Existem, por exemplo, diferenças de atitude entre os sexos quanto à noção de sucesso e fracasso desde a infância: "Os meninos tendem a registrar o sucesso como resultado da própria competência. Por outro lado, atribuem o fracasso ao azar ou outras circunstâncias. Já as meninas tendem a atribuir o fracasso a si mesmas, enquanto o sucesso é tido como sorte, e não como resultado de sua capacidade" (BISCHOF, 1989: 113). A igualdade de tratamento entre o sexo masculino e feminino acaba levando à discriminação das mulheres, de acordo com Bischof, dado que o desempenho é definido de acordo com parâmetros masculinos. "A igualdade de tratamento real somente será alcançada, se as diferenças entre homens e mulheres forem consideradas e se, na socialização, os pontos fortes e fracos de cada gênero forem levados especificamente em conta" (BISCHOF, 1989: 115).

Além disso, esse igualitarismo acaba levando ao tédio. A diferença entre homens e mulheres produz uma tensão que oferece a ambos sua energia própria e os inspira mutuamente. A diferença significa plenitude e riqueza, ela é o requisito básico para relacionamentos saudáveis. Assim, o que as mulheres precisam hoje não é da igualdade de tratamento, mas sim da coragem para serem elas mesmas. As mulheres não devem alinhar seus valores de acordo com o ideal masculino; em vez disso, elas devem encontrar sua própria identidade e melhorar seu estilo tipicamente feminino. Somente assim elas terão as mesmas chances que os homens.

No livro *Homens da Bíblia – Lutar e amar para encontrar a si mesmo*, obra análoga para homens, foram reunidas 18 imagens arquetípicas de figuras masculinas da Bíblia. A maioria dos arquétipos vale tanto para homens quanto para mulheres, mesmo que eles sejam preenchidos diferentemente pelas mulheres. Neste livro, nós também gostaríamos de relacionar imagens arquetípicas das mulheres e ligá-las às figuras femininas da Bíblia. Não nos interessa, porém, investigar as escrituras e seus antecedentes, mas sim a evolução da imagem arquetípica encontrada na representação bíblica.

Hoje em dia, são frequentemente exaltadas as imagens negativas da mulher: a "perua" é exaltada por viver melhor; a impetuosa é colocada como um modelo. Muitas mulheres se definem como bruxas modernas e se sentem orgulhosas desse título. Até mesmo uma prostituta é vista positivamente como um exemplo de libertação a todas as regras da sociedade. Diante dessa deturpação das imagens arquetípicas, nós gostaríamos de reparar essas imagens a partir das figuras femininas da Bíblia. As imagens arquetípicas têm também uma força purificadora. Assim, sempre há um pouco de verdade nas imagens negativas apresentadas como modelo pela mídia. Mas elas devem ser purificadas pelo arquétipo para que a força e o verdadeiro significado delas sejam visíveis.

Uma autora grega descreveu sete imagens arquetípicas para as mulheres: a amorosa, a maternal, a sacerdotisa, a artista, a lutadora, a rainha e a fera. De maneira semelhante, nós escolhemos quatorze arquétipos e os relacionamos com as figuras femininas da Bíblia. O número quatorze foi desde sempre entendido como um número de cura. Entre os babilônios havia quatorze deuses que os ajudavam e no cristianismo há os quatorze santos auxiliares. Além disso, quatorze é um número feminino. Ele marca a metade de um ciclo menstrual, o que tem, para toda mulher, um significado importante. Nós acreditamos que a essência da mulher e o potencial que está no seu íntimo ganham expressão nas quatorze imagens aqui apresentadas.

As quatorze imagens discutidas neste livro podem ajudar as mulheres a descobrir sua própria essência e viver a riqueza interior de sua feminilidade. Além disso, elas podem mostrar o caminho que leva à cura das feridas geradas pelas falsas imagens femininas e ajudar na busca pela sua plenitude e "salvação".

Dentre as quatorze imagens que trazemos neste livro, destacamos as da rainha e da fera. Nessas imagens ficam claras para nós as características que mantêm uma mulher viva. Juntas elas geram energia. Quando uma mulher libertar a fera e a rainha que vivem nela, ela também será capaz de libertar todas as outras imagens, seja a maternal, com a qual o movimento feminista tem tantos problemas, seja a da amorosa, da artista ou da profetisa.

Estes arquétipos podem parecer provocativos, outros podem rejeitá-los como um modismo. Nós acreditamos, contudo, que as imagens da fera e da rainha levam as mulheres à sua essência verdadeira, além de colocá-las em contato com o potencial que já existe em suas almas. Nossa intenção neste livro é, portanto, ligar esses dois polos de tal maneira que você, querida leitora, adquira o gosto e o prazer renovados pela sua vida e sua feminilidade. Só mais uma palavra sobre o desenvolvimento deste livro: ele surgiu após muitas conversas entre os autores. Além disso, nós usamos textos e manuscritos herdados de seminários para mulheres e daquilo que ouvimos de muitas mulheres. Nós debatemos frequentemente nossos textos juntos e discutimos sobre eles. Neste livro, nosso trabalho conjunto sobre o tema será identificado por meio dos diferentes tipos de escrita, com os quais marcamos nossos próprios parágrafos. O formato do texto já reflete as conversas que tivemos ao longo de um ano. Organizamos as imagens femininas alfabeticamente a partir de seus nomes bíblicos e recomendamos a nossas leitoras que seja feita a leitura do livro capítulo a capítulo, com o intuito de uma reflexão sobre as imagens individualmente ou até mesmo uma meditação sobre elas.

De forma alguma, as reflexões aqui presentes têm a pretensão de serem a única visão possível. Cada mulher deve e irá desenvolver sua própria autoconsciência. Nosso livro pretende encorajá-las a buscar conversas com outras mulheres e homens e, ao longo desses diálogos, descobrir qual é sua identidade mais profunda. Gostaríamos também de transmitir às mulheres o desejo de desenvolverem suas próprias habilidades e capacidades e de serem gratas pelo modo único como cada uma delas vive sua feminilidade.

Linda Jarosch e Anselm Grün
Abadia de Münsterschwarzach, junho de 2004.

Arquétipos
da Mulher

1

DÉBORA
A juíza

A imagem arquetípica da juíza coloca as mulheres em contato com sua capacidade de discernir o que é bom e o que é ruim, o que é certo e o que é errado. A juíza ajusta as relações de modo que elas sejam justas para todos. Ela corrige aquilo que havia se tornado inconsistente e auxilia os fragilizados. Ela é correta e assim leva sua vida. A juíza é capaz de decidir intuitivamente entre o que ajuda e o que prejudica os homens.

A imagem da juíza revela forças femininas que são, atualmente, frequentemente ignoradas. Na realidade, hoje há mais homens que mulheres na função de juízes. E, no entanto, seu papel é uma habilidade essencial da mulher.

O Antigo Testamento descreveu o arquétipo da juíza por meio de Débora. Sua história remonta às origens do povo de Israel. Depois do glorioso êxodo do Egito e da tomada da Terra Prometida, o povo de Israel viveu a dura realidade dos constantes conflitos com seus inimigos. Para Israel, a conquista do fértil vale de Jezreel não foi bem-sucedida. O vale era governado pelos cananeus, e os filisteus, conhecidos por sua força, tinham tomado várias cidades do vale. Israel, que havia se contentado com as áridas terras nas montanhas, sempre foi pressionado pelos filisteus e pelos cananeus. De tempos em tempos, Deus conclamava então os heróis do povo, que tinham a função de trazer paz e prosperidade a Israel. Ao mesmo tempo, esses heróis assumiam a função de juízes. O povo de Israel vinha até eles com o intuito de expor seus problemas e impasses. Normalmente, os julgamentos aconteciam em Israel junto ao portão da terra natal, diante da assembleia dos anciãos (cf. OHLER, 1987: 90). Entretanto, aparentemente havia também um tipo de assistência jurídica além dos limites das tribos, onde as pessoas se dirigiam a juízes renomados em Israel para alcançar clareza diante de seus impasses.

Débora era justamente um desses juízes que atuava além dos limites de uma tribo específica. Ela era especialista em questões jurídicas. Em Israel havia sempre mulheres às quais as pessoas se dirigiam para pedir conselhos ou resolver questões jurídicas. Uma mulher assim tão inteligente salvou, por exemplo, a cidade de Abel do ataque do exército de Joab (2Sm 20,16). No segundo livro de Samuel (2Sm 14) foi narrado como Joab pediu a ajuda de uma sábia mulher de Técua. Ela "descreve a função de juiz com a expressão: 'ouvir o bem e o mal como o anjo de Deus' (2Sm 14,17)" (OHLER, 1987: 91). Sobre Débora, a Bíblia diz:

"naquele tempo havia Débora, uma profetisa, mulher de Lapidote, juíza em Israel. Ela se sentava embaixo das palmeiras entre Ramá e Betel, nas montanhas de Efraim, e os israelitas vinham até ela para ouvi-la julgar" (Jz 4,4).

Homens e mulheres se dirigem a Débora, a uma mulher, porque eles acreditam em sua justiça e coerência para julgar as histórias que contam a ela. A juíza é uma mulher capaz de distinguir a verdade da mentira; a realidade da mera imaginação; o certo do errado; a justiça da injustiça, além de reconhecer o que é justo para o povo. Débora é também reconhecida como mãe em Israel (Jz 5,7). Uma mulher que vê além, que compreende a diferença entre a justiça e a injustiça, ela é como uma mãe com quem se pode contar. Débora irradia segurança e tranquilidade.

Mas a missão de Débora não se limitava a fazer julgamentos. Ela ordena a Barac que reúna 10.000 homens para lutar contra Sísara e seus 900 carros de guerra. Barac afirma que só lutará se Débora também o fizer. Ela está pronta para acompanhá-lo. Aparentemente parece um caso perdido. Os agricultores mal equipados de Israel não seriam capazes de avançar contra 900 carros de guerra (um sinal claro de um exército altamente equipado). No entanto, uma forte chuva força os carros de Sísara a recuarem. O próprio Sísara foge a pé e se esconde na tenda de Jael, mulher de Heber. Ela lhe dá leite para beber e, quando Sísara adormece, Jael o atinge na testa com uma estaca de sua tenda. Assim, quem venceu efetivamente a batalha foi uma mulher: não foi Débora nem Barac, Jael é a heroína dessa guerra. A juíza entoa então uma canção sobre a batalha, contando o que realmente aconteceu. Na canção é narrada a difícil situação de Israel: "E se escolhiam deuses novos, logo a guerra estava às portas; via-se por isso escudo ou lança entre quarenta mil em Israel?" (Jz 5,8). Para si mesma, ela canta: "Desperta, desperta, Débora, desperta, desperta, entoa um cântico" (Jz 5,12). E encerra o canto louvando a Javé, que destrói seus inimigos: "Assim, ó SENHOR, pereçam todos os teus inimigos! Porém os que te amam sejam como o sol quando sai na sua força" (Jz 5,31).

Débora não é apenas uma juíza, ela lidera o exército e assume um papel de liderança em Israel, mas não é escolhida para isso. Ela assume a liderança quando o povo está em perigo e ninguém está preparado para assumir os riscos. O próprio Barac tem medo de lutar contra seus inimigos: ele conta com sua esposa. E Débora transmite a ele a segurança e a força que lhe faltam.

Atualmente, muitas mulheres assumem responsabilidades na política, na economia, na sociedade e na Igreja. Quando realizo seminários de liderança, frequentemente ouço a pergunta: As mulheres lideram diferentemente dos homens? Eu acho que, na realidade, as mulheres têm um estilo diferente de liderança. A pergunta não é, então, quem lidera melhor, a mulher ou o homem. A questão é que homens e mulheres têm, cada um, uma maneira própria de liderar. Para o homem, a ideia dominante na liderança é o objetivo por ele perseguido. Ele deseja alcançar um bom resultado e sua liderança tem a intenção de conseguir esse objetivo. Todos os instrumentos de liderança têm apenas uma finalidade: alcançar o resultado que ele buscou ou que foi solicitado a ele. A mulher lidera de outra maneira. Para ela, as relações são importantes, acima de tudo. A mulher quer que as relações funcionem. Só assim será possível ambicionar e conquistar um bom resultado. Para a mulher importa uma cultura corporativa saudável, em que o sucesso não seja a meta, mas o resultado do crescimento gradual.

Ao analisarmos o comportamento de liderança de Débora fica claro que a juíza toma a iniciativa. Ela está cansada de apenas reclamar da situação e tem a coragem de enfrentar a raiz do problema. Débora toma a frente, marcha. Ao mesmo tempo, de antemão, ela afirma ao homem que marcha ao seu lado que a glória da vitória não será dele, mas de uma mulher que destruirá Sísara com sua astúcia feminina.

A mulher que lidera bem evita os conflitos de poder e luta não só com força, mas também com astúcia. A palavra astúcia vem originalmente de "fazer, realizar" e está relacionada a conhecimento. Este conhecimento – assim indica o dicionário – se relaciona às técnicas de prática da caça e da luta, às técnicas mágicas e à aptidão ao artesanato. Quando a mulher luta com astúcia, isso significa que ela vê por entre as coisas e tem, assim, a intuição de como resolver um problema. Ela confronta, mas seu papel de liderança não termina no conflito. Ela alcança a verdadeira vitória com sabedoria e astúcia, com sua intuição interior sobre aquilo que é possível. Débora se empenha para a luta, reconhece o momento certo, sente quando é melhor negociar ou esperar e não luta com grande violência, mas explora as condições externas. Assim, sua liderança não transpira esforço e combatividade, mas intuição e sabedoria, com imaginação e percepção para o momento certo.

O que é contado na história de Débora é repetido hoje em muitos lugares. A mulher não demonstra força na liderança apenas quando dirige uma empresa, torna-se prefeita ou ministra. Muitas mulheres assumem a liderança da família. Exteriormente, talvez seja o homem que, como Barac, lidere as tropas. Muitas vezes é o homem quem ganha o dinheiro. Talvez ele também planeje a construção da casa, mas o fundamental é organizado pela mulher. Ela se encarrega da organização do lar, abre os caminhos para os filhos, educa-os. Assim, a mulher não lidera contra o homem, mas junto com ele. Não se trata, então, do exercício do poder, mas da administração da realidade. E, para isso, tanto a mulher quanto o homem são igualmente importantes. Como Débora, a mulher pode atribuir ao homem uma tarefa, para a qual ele tenha pontos fortes.

Estudos afirmam que as mulheres em posição de liderança na economia são mais bem-sucedidas quando "conquistaram, junto da carreira, ricos relacionamentos sociais particulares, em geral na forma de uma família com crianças" (BISCHOF, 1989: 116). Mulheres que aprenderam, no seio familiar, a lidar com seus filhos e a educá-los, desenvolvem sua habilidade de liderança. Em latim, as palavras liderar (*ducere*) e educar (*educare*) têm a mesma raiz. Educar significa conduzir com essência, deixar tomar a forma verdadeira. As mulheres lideram diferentemente dos homens. Liderar não se trata, para elas, de ambição e implementação, mas sim de destacar o essencial, de promover as habilidades individuais e de focar naquilo que cada um necessita para poder aplicar seus dons.

Muitos homens se queixam de terem uma esposa dominadora. No entanto, nem sempre a mulher é dominadora por si só. Muitas vezes, os homens evocam o lado dominador da mulher em função de seu comportamento submisso e indeciso. A maioria deles são homens que se deixaram determinar por suas mães e que destaca em suas esposas o mesmo comportamento dominador. Toda mulher precisa de um parceiro do mesmo nível para poder liderar bem. Barac precisa marchar ao lado de

Débora. Se ela precisasse arrastar o marido atrás de si porque ele teme qualquer ataque, ela seria então impelida a assumir o papel de dominadora. A mulher faz bem, portanto, em não se deixar pressionar pelo homem em determinado papel, mas ao liderar à sua maneira. A história de Débora mostra que ela desafia Barac; ao invés de ir com ele simplesmente, ela ordena que o marido marche e lidere o exército. Junto com ele, Débora conduz o exército. E, junto dele, ela entoa a canção que sobreviveu apenas sob seu nome. E Débora louva ao Senhor por isso: "que o Senhor de Israel conduziu e o povo se mostrou pronto" (Jz 5,2). Tudo estava em más condições, "até que você se levantou, Débora, até que você se levantou, mãe em Israel" (Jz 5,7). Débora é a mulher que se levantou, que tomou a iniciativa. Mas o milagre de sua liderança estava no fato de que os líderes de Israel estavam prontos para fazer justiça ao seu papel de liderança, os homens tiveram a coragem de fazer seu trabalho.

Débora é um exemplo de como as mulheres podem lidar com o medo do homem. A mulher reconhece o medo do homem, mas não o enfraquece por isso. Ele deve expor a ela seu medo, pois não será ridicularizado. Isso por si só gera confiança. E Débora percebe que Barac não deve ficar preso a isso, ele deve agir para mudar essa situação. Caso contrário, outros poderão agir e deter o poder sobre ele. Débora mostrou-lhe a necessidade de agir, ela o desafiou a superar seu medo. Certamente, ela lhe devolveu a confiança em suas próprias forças, para que pudesse agir como homem. Débora sabia que sua determinação estava em ser homem.

Por exemplo: quando nosso pai, aos sessenta anos, passou mais uma vez por uma situação delicada em sua empresa, foi nossa mãe que se levantou contra a impotência e a resignação. Foi ela quem o confortou e o levou a agir diante de sua responsabilidade. Ela o encorajou a não desistir, fortalecendo-o para lutar durante essa situação de dificuldade.

É natural que nem sempre o homem seja capaz de se reerguer e agir. Ele conhece o medo e a resignação tanto quanto a mulher, porque esses sentimentos são profundamente humanos. O homem também precisa de pessoas que o confortem e mostrem sua força interior. As mulheres veem os homens enfraquecidos na relação com seus pais ou com seus chefes e percebem que essas pessoas não se opõem à masculinidade deles, mas os mantêm recuados para permitir, com isso, que outros se tornem mais fortes. Se um homem viveu, quando criança, a experiência de que seus pais o trataram com falta de amor ou desvalorização, essa experiência pode impedi-lo, também como adulto, de arriscar-se a uma confrontação. Assim, diante do chefe, eles podem temer a perda de seu posto de trabalho, e, diante dos pais, eles podem temer a perda de sua afeição. Uma mulher poderá falar sobre isso tomando certa distância e questionando se esse temor é mesmo real ou se vem de outra experiência que o marcou. Ela pode deixar claro o que sua falta de ação significa tanto para ele quanto para sua família ou para as outras pessoas ao seu redor. Esse outro ponto de vista pode mostrar-lhe os impactos negativos de sua fraqueza e desafiá-lo a agir como um homem, modificando a situação.

Débora, a juíza, é uma imagem apropriada para as mulheres. Uma mãe está constantemente engajada em atuar como uma juíza: quando seus filhos brigam, a mãe se encarrega de ser justa com eles. Ela não toma partido, antes deixa que os filhos narrem o ocorrido para saber o que aconteceu. Somente quando reconhece que um filho agiu erroneamente, ela endurece e fica ao lado do correto para ser justa com ele. Essa habilidade da juíza nada tem a ver com as estratégias jurídicas que, atualmente, determinam com frequência o direito. Pelo contrário, a mulher tem um senso natural para aquilo que é certo, o que é justo para as pessoas. Essa habilidade não está presente apenas na mãe, no trato diário com seus filhos. Antes, ela está evidente na natureza da mulher. Até mesmo em reuniões, em que conflitos são resolvidos, as mulheres têm uma sensibilidade especial para aquilo que é certo. Elas têm um sentido para a justiça. Não se trata, porém, de derrota ou vitória. Mais do que isso, as mulheres esperam que todos alcancem a justiça, que recebam aquilo que precisam e que lhes é de direito. Muitas vezes as mulheres se deixam ofuscar pelos argumentos dos homens nessas situações, mas elas deveriam confiar em suas habilidades como juízas e dizer o que sentem. Essa postura leva, frequentemente, a uma solução que faz bem a todos.

A juíza é sempre a terceira pessoa em uma situação que afeta dois indivíduos ou duas partes. No entanto, ela não julga, ela não diz: "Isso é errado ou isso é certo". Ao invés disso, reconhece quem, em uma determinada situação, toma para si mais da vida. Quem o faz, eleva-se sobre os outros, não os respeita, não lhes permite o mesmo direito à vida. Exatamente aí a juíza que vive em nós é solicitada.

Quando, em uma roda de discussão ou em um círculo privado, alguém expõe sua opinião sobre um tema e outra pessoa não aceita essa opinião, julgando-a como falsa, então a juíza entra em ação. Ela não ouve simplesmente, como muitos outros, ela se pronuncia. Ela não permite que alguém tire de outra pessoa o direito de expor sua opinião. A juíza não julga, ela é coerente. Seu sentimento básico é o respeito pelos outros diante de seu direito à vida. A juíza reconhece quem é o mais fraco e está disposta a ajudá-lo, encontrando, assim, o equilíbrio.

Muitas vezes, as mulheres vivenciam a injustiça em suas vidas e não são capazes de impor suas necessidades. Jesus descreve uma mulher assim na Parábola da Viúva e do juiz iníquo (Lc 18). Pressionada por um inimigo, a viúva procura o juiz, mas ele sequer pensa em interceder por ela. Então a mulher fica sozinha, sem nenhuma perspectiva de sucesso, sem alguém que a apoie. Mas ela é tão obstinada, que sempre volta para falar com o poderoso juiz, até que ele se aborrece. Ele imagina que ela poderá vir importuná-lo novamente (Lc 18,5). Então o juiz cede e é feita justiça para a mulher. Jesus usa essa imagem feminina de coragem como exemplo para aqueles que oram. Na oração, nós experenciamos o direito à vida. Deus também é aquele que faz justiça às mulheres injustiçadas. Na oração, a mulher reconhece sua grandeza inviolável e o espaço interior no qual ela tem direito à vida, no qual ninguém pode machucá-la. Mesmo quando parece não ter nenhuma chance, por meio da oração, ela desenvolve uma força que a faz crescer para além de si mesma. Ela não se deixa derrotar. Ela reconhece em si o espaço em que Deus habita. Nesse espaço, aquela mulher é intocável e inviolável.

As mulheres têm muita sensibilidade para perceber como os mais fracos devem obter seus direitos. Elas aprenderam isso no trato com as crianças. Atualmente, também nas posições de liderança, elas podem trazer esse conhecimento para o bem de uma empresa e da sociedade. Elas têm o olhar para aqueles que caem por entre as malhas da rede social, para aqueles que são discriminados pelo direito vigente e pelos padrões dominantes da sociedade. Por isso é tão importante que as mulheres que estão hoje na política reconheçam seu dom primordial e, como Débora, sejam boas juízas. E a elas se aplicará o louvor atribuído a Débora, a mulher que se levantou em favor dos pobres e por isso foi louvada como a "mãe de Israel" (Jz 5,7).

Anselm: Linda, o que a toca pessoalmente no arquétipo da juíza?

Linda: *A juíza representa para mim uma parte muito forte de nossa feminilidade. Se desejamos expressar mais fortemente a força da juíza, precisamos, em muitas situações, levantar-nos para ajudar o próximo por seu direito à vida. São a atenção e o respeito ao próximo e por seu direito à vida que a juíza carrega em si. Disso deriva seu senso de justiça. Quando alguém julga a opinião de outra pessoa como errada e defende que somente a sua opinião é a certa, não há como fazer outra coisa a não ser se comover. Então, eu sempre me pergunto: "Quem tem o direito de julgar o que é certo e errado, o que é bom e é ruim, apenas porque o outro tem um pensamento diferente ou sente de outra maneira?"*

A outra faceta da juíza abordada por você aqui é o papel de liderança. Eu acredito que muitas mulheres vivenciam tais posições dessa maneira. Quando uma situação é delicada e as pessoas evitam modificá-la, eu vejo nas mulheres uma força inimaginável com a qual elas lideram outras pessoas e fazem a diferença. Apesar do esforço, sempre observo nessas mulheres a alegria que elas demonstram por terem essa fibra.

2

ESTER
A rainha

O arquétipo da rainha faz os olhos de muitas mulheres brilharem. Elas anseiam dar asas à rainha que têm dentro delas. As mulheres já estão cansadas de serem pressionadas pelos homens a desempenharem papéis que as diminuem. Elas sentem que, dentro delas, há uma rainha. Mas frequentemente essa rainha está escondida em seu interior. Muitas não têm autoconfiança suficiente para darem espaço à rainha que vive dentro de si, pois estão fortemente comprometidas com os papéis a elas atribuídos pela sociedade: seja o papel de mãe, da criada, da vendedora simpática, da ajudante, ou o da amorosa. Elas preferem ficar na segunda fila e escondem sua verdadeira magnitude. Por outro lado, a rainha oferece-lhes independência, grandeza e liberdade. A rainha governa e não se deixa dominar, caminha adiante, mostra-se, ergue-se. Ela está em harmonia consigo mesma, constrói e dirige seu reino.

O livro de Ester relata a história de uma mulher que corresponde ao arquétipo de rainha. É a Rainha Ester, uma jovem judia que foi levada à corte real do rei persa Assuero. Seu pai havia morrido e ela não tinha apoio de ninguém. Mas seu tio Mardoqueu a adotou e cuidou dela. Foi ele próprio quem levou Ester até a corte real. "A menina era bela e atraente" (Est 2,7). Como ela, muitas outras jovens foram levadas ao harém do rei. Durante doze meses todas elas receberam cuidados com todos os tipos de cosméticos da época. Então, cada uma das meninas foi levada por uma noite ao palácio do rei. Somente quando gostava de uma menina, ele permitia que ela retornasse. Seguindo os conselhos de seu tio, Ester guardou segredo sobre sua origem judaica e lutou por si, porque ansiava se tornar rainha. Quando ela foi levada ao encontro do rei, ele automaticamente gostou de Ester. Então ele colocou nela a tiara real e ela se tornou rainha. Em homenagem a Ester, o rei realizou uma grande festa.

Isso desagradou Amã, o segundo homem do estado depois do rei. Assim, ele decretou que todos os servos do rei deveriam curvar seus joelhos diante dele. Amã não suportava Mardoqueu, o judeu que se negava a se curvar diante dele. Quando Mardoqueu era questionado sobre sua recusa, ele a justificava com o fato de ser judeu. Então, Amã pensou em matar todos os judeus e pressionou o rei a publicar um decreto de morte a todos eles. Mardoqueu e Ester se assustaram e sofreram. Ester orou: "ajuda-me, que eu estou sozinha e não tenho ninguém além de ti, Senhor!" (Est 4,14) e mesmo sem ter sido chamada pelo rei, ela foi até ele. Com isso, ela violou a lei e arriscou ser deposta. Mas ela encontrou clemência no rei e convidou-o junto com Amã para comer. O rei perguntou a Ester qual era seu desejo, mas ela adiou seu pedido para o segundo encontro que gostaria de ter com os dois no dia seguinte. Neste segundo encontro, ela pede ao rei que deixe seu povo viver: "meu povo e eu fomos vendidos, para sermos esmagados, mortos, aniquilados" (Est 7,4). Quando o rei pergunta a ela quem o fez, ela aponta para Amã, que é enforcado por decisão do rei, na forca que o próprio Amã havia preparado para enforcar Mardoqueu. Assim, a Rainha Ester salvou seu povo da destruição.

A figura de Ester inspira os poetas desde então. Max Brod e Fritz Hochwälder veem nela a mulher que se mobilizou por seu povo, e por ele arriscou sua própria vida. Eles traduzem a velha história de perseguição aos judeus em nosso tempo. A poetisa judia Else Lasker-Schüler fala, acima de tudo, da coragem e da energia de Ester, além de sua beleza, com as quais ela cumpriu a tarefa quase impossível de proteger seu povo de seus inimigos. Ela recebe sua força e grandeza reais somente na confiança em Deus. Foi dessa maneira que Ester rezou quando foi tomada pelo medo de morrer: "Senhor, nosso Rei, Tu és o único. Ajuda-me, que eu estou sozinha e não tenho ninguém além de ti, Senhor! O perigo está diante de mim" (Est 4,14). Com a confiança em Deus a jovem órfã se transforma em rainha, sua grandeza irradia e ela cria coragem para lutar por seu povo e salvá-lo.

Ester incorpora o arquétipo da rainha. A rainha governa sobre si mesma e não se deixa dominar pelos outros. Ela determina sua vida da maneira como quer que seja, não se compara aos outros, é segura de si. Ela é a rainha de seu reino.

Em meus seminários, as mulheres reagem de formas diferentes à imagem da rainha. Muitas delas não se sentem, a princípio, atraídas por ela. Nesses casos, elas entendem que manter essa postura seria cansativo e levaria à falta de liberdade. Já outras se sentem atraídas por essa imagem e dizem que se sentiriam bem como rainhas. Quanto mais essas mulheres se ocupam com a imagem da rainha, mais elas desejam dar mais espaço à rainha que vive em seu interior.

A rainha que está viva na mulher incorpora a ânsia pela verdadeira grandeza. Ela nos traz maior autoestima e dignidade, e nos leva a ter maior responsabilidade por nossas vidas. A rainha reconhece sua dignidade e, por meio dela, não se deixa levar por ninguém. Ela reconhece seu valor e sabe que ele não vem de outras pessoas, mas do respeito a si mesma. Ela observa a si mesma e também a dignidade das outras pessoas. Ela assume a responsabilidade por si, por suas capacidades, por suas decisões e pelas experiências que ela teve na vida. Ela confia em si mesma.

O conhecimento sobre sua majestade interior confere à mulher força e calma. Desvalorização e ironias não abalam a rainha presente em nós. Ela não perde, com isso, seu valor interior porque sabe que esse valor não é vulnerável. Esse pensamento a auxilia a não aceitar as ofensas dos outros, mas a deixá-las com eles. A mulher percebe as ofensas, mas não as deixa afetá-la. Além disso, ela sabe que aquela que perdeu a rainha dentro de si irá invejar outras mulheres ou tentará tomar a sua postura. A rainha decide quem tem um problema e como ela deve reagir a isso. Ela é autodeterminada e não se deixa determinar pelos problemas dos outros.

As mulheres desejam profundamente interiorizar o conhecimento de que o seu valor mais profundo não pode ser enfraquecido por ninguém. Elas acreditam que, com isso, poderiam ganhar outra força, mesmo ao vivenciar o desprezo e a depreciação. Mas elas percebem o quanto são desafiadas a viver desse conhecimento também em seu dia a dia. Quantas vezes essas mulheres não tiveram a experiência de se sentirem culpadas quando foram magoadas por alguém. Elas se sentem para baixo, impotentes, nervosas ou mesmo enfraquecidas. Sentem que não governam mais seu reino e que outros governam por elas. Se as mulheres que se encontram nessa situação buscarem conscientemente a rainha em si e se respeitarem, serão capazes de voltar às suas forças. Muitas mulheres relatam em meus seminários que já tomaram a postura da rainha conscientemente durante uma situação de conflito. Muitas delas, nessa postura, até mesmo gritam em minutos de solidão para sentirem também fisicamente sua autoestima e dignidade. Essa atitude modifica algo no seu interior. Elas sentem uma calma nova dentro de si, porque se colocaram novamente em contato com sua dignidade, com a qual se confortam interiormente. Sentir-se confortada também significa, para essas mulheres, ter um olhar adiante que pode levá-las a outras soluções.

As mulheres sentem que a rainha é aquela que pode guiá-las na responsabilidade por si mesmas. Ela é aquela que decide se se deixa enfraquecer ou se não está pronta para isso. Ela protege seus limites claramente diante de influências negativas. A rainha diz sim para aquilo que a fortalece e não para aquilo que a enfraquece, e permanece como a rainha de seu reino. Essa postura também funciona quando aceita as hostilidades dos ou-

tros como um desafio para se conhecer mais profundamente. A rainha pode se perguntar "o que emana de mim"? Se ela revela seus desejos e medos não revelados nos relacionamentos e traz clareza, ela estabelece a paz.

Com frequência, parece difícil para as mulheres enxergar no dia a dia a rainha que vive dentro delas. Uma mulher me perguntou, admirada, em uma consulta: "Como eu posso me sentir como uma rainha se eu limpo o banheiro?", quando, na verdade, a pergunta deveria ser outra: "Por que eu faço isso?" Eu preencho as expectativas de outra pessoa ao ser dona de casa ou sou eu quem decide o que é certo para mim agora? Se eu mesma tenho vontade de deixar meu banheiro limpo agora, posso me sentir como rainha por isso depois de realizar essa atividade.

Posso me sentir uma rainha se eu critico o meu próprio corpo por ele não preencher o ideal de beleza vigente? Neste caso, nós, mulheres, sentimos ainda mais que estamos distantes da imagem da rainha. Nós interiorizamos o que nos foi passado por outras pessoas, pressionamo-nos e observamos também nas outras mulheres, se elas se adequam a esse ideal.

Pois essa é uma das maiores ofensas que podemos proferir a outras pessoas: criticar o seu corpo. Com o nosso corpo nós expressamos também nossa sensibilidade, nossos sentimentos, nossas histórias de vida. Por meio das histórias do nosso corpo podemos, inclusive, encontrar uma porta de entrada para nosso interior. Isso exige respeito à particularidade de cada um. A rainha em nós não permite que ninguém menospreze nossa singularidade. A mulher ou o homem que se menospreza perdeu a rainha dentro de si. E por que nós deveríamos ter mais atenção aos outros do que à nossa própria singularidade?

A rainha em nós sabe que nossa beleza é irradiada, acima de tudo, de nossa dignidade e autoestima. Isso dá a ela graciosidade e essa beleza independe dos padrões estabelecidos pela sociedade. As expectativas da sociedade sobre a beleza feminina refletem nossa tirania interior, que exige como deveríamos ser. Mas a rainha decide por si só como ela quer expressar sua beleza. As mulheres que desvalorizam o próprio corpo e que querem se enquadrar em algum padrão já interiorizaram que algo nelas não está como deveria ser. Isso as torna inseguras, elas se comparam a outras mulheres e realçam, por meio disso, seu sentimento de inferioridade. Assim, essas mulheres não sentem o que verdadeiramente são.

O que nós expressamos por intermédio do nosso corpo pode nos levar aos nossos desejos mais profundos e às nossas necessidades mais íntimas. Quando nos sentimos contrárias a isso e descobrimos qual é o alimento necessário também para a nossa alma, nós nos respeitamos.

As mulheres africanas falaram, em uma noite conjunta para mulheres, que nosso padrão ocidental de beleza significa para elas justamente o contrário. Elas disseram que, se nós fôssemos visitá-las, a primeira pergunta que fariam seria: Vocês estão se alimentando bem? Na vida delas há mais deleites e alegrias, o que para nós se percebe menos, apesar das condições de vida.

A rainha também carrega em si a nobreza, mas, ao mesmo tempo, vive a simplicidade. Isso faz da mulher rainha profundamente humana. Ela não precisa se sobrepor a ninguém: do seu respeito por todos os seres, ela demonstra nobreza.

A rainha conhece sua dignidade e ela também transmite essa dignidade às pessoas. Mas ao mesmo tempo ela também reconhece, como Ester, suas origens. Ela não se identifica com o que é nobre, ela aceita o que é simples e mediano. Como Ester, ela também se veste de luto e se reporta a Deus quando se sente desamparada e sozinha. Isso comprova ainda mais a rainha como a guardiã da casa: ela guarda e protege seu próprio reino. Esse reino não precisa ser necessariamente a casa da família, pode ser também sua casa interior. Ela não se deixa pressionar por qualquer habitante dessa "casa" como, por exemplo, o ciúme, a inveja ou o medo. Ao invés disso, a rainha a preenche e sabe que, nessa casa, Deus também habita. Ela organiza sua casa de modo que viva feliz ali. Dessa maneira, ela está apta a organizar também as várias casas externas como uma rainha: seja a casa da família, do trabalho, da comunidade ou do estado.

Ao reconhecer sua dignidade como rainha, a mulher também será capaz de lidar com os afazeres mais simples do lar como uma rainha. Ela não precisará reclamar por fazer o "trabalho sujo", enquanto seu marido brilha com seu trabalho. Como rainha, afazeres domésticos como cozinhar ou cuidar da casa ganham outra importância: ambos fazem parte das tarefas como rainha. Não importa o que ela faça quando reconhece sua dignidade como rainha. E assim a mulher alcança um brilho de rainha. Ao ser convidado para uma visita na casa de alguém, em geral é possível perceber quando a casa é regida por uma rainha: tudo está organizado, tem o seu lugar. Não há arrogância, mas tudo reflete grandeza e beleza. As pessoas se sentem acolhidas na casa de uma rainha.

Um amigo me contou que sua filha de 10 anos chorou emocionada ao assistir na televisão o casamento de uma princesa: ela também queria ser uma princesa. A imagem da princesa é certamente a promessa da beleza interna e da dignidade. Essa imagem agrada a toda mulher. Relato semelhante fez uma mulher para alguém que havia dito: "Você é a princesa da sua vida". Ele quis dizer com isso que ela tem a vida em suas próprias mãos e a organiza de tal forma que a beleza de uma princesa reluz. A princesa ainda é muito filha. Ela ainda precisa se transformar na rainha que repousa dentro dela e que não depende de outras pessoas. Esse fato não é esperado como a princesa que aguarda a felicidade na chegada de um príncipe distante. Ela é coerente consigo mesma e vive, portanto, feliz.

Muitas mulheres relatam como sentem suas energias sugadas na presença de determinados tipos de mulheres. Quando passam não mais que uma hora com uma mulher assim, sentem que não têm mais força alguma e têm a impressão de que foram completamente puxadas para baixo. Quando vão embora, sentem-se mal, sem forças, desgastadas. Mulheres que roubam a força das outras definitivamente não são rainhas. Elas não têm limites, intrometem-se em tudo. Elas insinuam o quanto os outros fazem tudo errado, desvalorizam-se, veem tudo de forma negativa. A pergunta não é apenas que tipo de mulher toma as forças de outra, mas também o que há nas mulheres que, perto de outras, perdem sua energia. Frequentemente essas mulheres se lembram de seus medos, insatisfações, seus rompimentos e fraquezas. Nesses momentos, é preciso buscar a rainha que há dentro de nós para nos protegermos desses sentimentos negativos.

A rainha não apenas governa em seu reino, ela também protege seus limites e inimigos não são permitidos. Uma característica fundamental da rainha é que ela se define bem. Muitas mulheres acham difícil impor limites, pois têm temor de não serem mais amadas por outras pessoas. Elas se sentem sozinhas quando impõem limites. Pode até ser que ninguém mais venha bater à sua porta, mas uma rainha em seu próprio reino sabe impor limites e desfruta de seu próprio reino. Uma rainha também recebe convidados com satisfação, mas não depende deles para ser feliz.

Quando imponho limites, não perco os que estão ao meu redor. Pelo contrário, eu conquisto relacionamentos nos quais me ambiento bem. Pessoas sem limite desaparecem, não têm forma definida. Elas envolvem a todos, mas é difícil perceber quem elas são. Um relacionamento com uma mulher só é possível quando ela descansa em si mesma e se define claramente. Com isso, o relacionamento também ganha transparência. E não é preciso ter medo de estar desgastada. A rainha não intervém no meu reino, ela me deixa ser como eu sou, ela respeita minha dignidade.

O que torna tão difícil nos definirmos, impormos limites? É o temor de ficarmos sozinhos, e é também o medo de ferir outras pessoas e, com isso, não ser mais amado. Uma mulher relatou que não se dava bem com sua mãe e se comportava muitas vezes de forma agressiva porque sua mãe colocava muitas expectativas sobre ela. Eu dizia para aquela mulher que sua mãe deveria ter expectativas sobre ela, mas seria uma decisão dela em que medida gostaria e poderia preencher essas expectativas.

A agressividade dessa mulher não se direcionava apenas à sua mãe, mas também a ela própria. Ela não confiava em si mesma a ponto de impor limites sobre as expectativas de sua mãe. Queria ser amada por sua mãe e, de preferência, fazer tudo corretamente. Mas ao mesmo tempo percebia que não seria possível fazê-lo e, com isso, exigia demais de si mesma. Como não se sentia livre para impor seus limites e delimitar essas expectativas, acabava reagindo agressivamente com sua mãe. Ela tinha decidido: a mãe, com todas as suas expectativas, era a culpada por seu estado lamentável.

Uma rainha teria uma reação diferente. Ela administraria as expectativas da mãe e se perguntaria em que medida gostaria de preenchê-las. A rainha recorreria a sua mãe tantas vezes quantas acreditasse ser razoável. Não se deixaria levar por sentimentos de culpa ao violar seus limites. Sentimentos de culpa é uma forma sutil de exercício de poder. Quem rege sua casa como uma rainha, administra tais acusações e não permite que elas a arrebatam.

De fato, mães mais idosas dizem às suas filhas adultas que suas vidas não se desenrolaram da forma como elas haviam sonhado. As filhas se sentem então chamadas a mostrar o lado bom da vida de suas mães. Mas isso custa a elas força: percebem que suas mães não aceitam e não assumem a responsabilidade por suas próprias vidas. Neste caso, a filha precisa buscar em si a rainha que deixa a responsabilidade pela vida de sua mãe com a própria. Ela pode sim simpatizar e compreender que muitas coisas foram e ainda são difíceis na vida de sua mãe e pode perguntar o que pode fazer por si mesma para se sentir melhor. Ou seja, uma rainha assume suas responsabilidades e encaminha as responsabilidades dos outros.

Nos meus seminários, as participantes se alegram ao encontrarem a rainha em si mesmas. Faz bem a elas caminharem pela sala como rainhas e se alegrarem em sua beleza e dignidade. A atmosfera se transforma, elas se erguem e encontram sua força. Muitas vezes, uma mulher toma outra pela mão e ambas caminham juntas pela sala. Quando uma mulher é uma rainha, ela não precisa desvalorizar outras mulheres. Ao contrário: elas ficam felizes em ver a força e a dignidade umas das outras. Ela reconhece seu papel no tornar-se rainha de suas colegas.

Durante diferentes seminários, mulheres escreveram as seguintes associações à rainha:

- *"Faça-me sentir minha dignidade, ninguém pode me machucar, eu posso determinar meu caminho, estou acima das coisas. Eu devo valorizar minha singularidade."*
- *"A rainha está em mim, mas também muito distante; a rainha seria uma harmonia bem-vinda em mim, com ela eu poderia seguir bem a vida, sem avaliações."*
- *"Eu sei quem eu sou, sem precisar provar a ninguém."*
- *"Ela tem sua própria honra, sem precisar do reconhecimento dos outros."*
- *"Fazer-se e sentir-se bonita: grandeza interior."*
- *"Descansar em si mesmo, ser atraente sem ter medo."*
- *"Sentir-se forte, estar no centro."*
- *"Ter brilho."*

Um outro arquétipo para a rainha é o da beleza. A rainha é também uma mulher bela e atraente. Ela desfruta de sua beleza, reconhece-a, irradia-a e não precisa escondê-la. Ela pode mostrá-la. A rainha não se embeleza para ser admirada, mas porque se alegra por sua beleza e dela irradia um brilho que faz bem a todos. Ela espalha beleza e, no decorrer disso, faz a vida de outras pessoas mais bonita. Mas a beleza da rainha é diferente daquela que a sociedade simula na forma de um ideal de simetria. A verdadeira beleza surge da harmonia: quando uma mulher está em harmonia consigo mesma, ela irradia beleza.

As mulheres se alegram com a rainha. Mas, ao mesmo tempo, muitas delas confessam não conhecer essa imagem verdadeiramente. Para outras, a rainha é apenas uma imagem desejada. Uma mulher me disse certa vez em um seminário que não tinha como objetivo de vida ser uma rainha. Ela não almejava estar sempre no centro das atenções: entendia a imagem da rainha basicamente como uma mulher que está sempre no centro das atenções, e abdicava disso.

Outras mulheres não veem a rainha como alguém que está no centro, mas que está em seu centro e, por isso, não precisa representar um papel artificialmente: ela simplesmente está lá. Irradia força e clareza e, por isso, é o centro. Mas pode desfrutar disso, porque, para ela, não é desconfortável estar no centro, mas sim um prazer dividir sua atenção com os outros. A rainha não precisa ponderar sobre seu brilho. Não precisa lutar por autoridade, ela a irradia. E ela sabe disso e pode desfrutar. Seu carisma traz ao seu entorno o brilho da rainha, e irradia paz e gosto pela vida.

Toda imagem arquetípica tem seu lado sombrio. O lado sombrio da rainha é a tirania. Muitas vezes mulheres depressivas tiranizam suas famílias com sua doença: todos devem depender dela.

Aqui a doença é empregada como arma contra os que dificilmente podem se defender. Enquanto a amazona luta com arco e flecha, as mulheres que não encontraram sua dignidade como rainha utilizam frequentemente suas doenças ou ofensas como arma. É difícil para o marido e os filhos lidarem com as armas da doença, pois ela causa sentimento de culpa nos demais. E contra esse sentimento não se pode lutar. De fato, a rainha encontra em suas experiências de dor a coragem para aceitá-la e crescer. A rainha que vive em nós pode, até mesmo na dor, mostrar sua grandeza interior.

O lado negativo da rainha é vivido por mulheres que desconhecem sua dignidade. Mulheres insatisfeitas governam seu entorno com insatisfação. O Livro dos Provérbios já falava sobre isso: "É melhor morar num canto do sótão do que ter como companheira em casa ampla uma mulher briguenta" (Pr 21,9). Para que uma mulher possa abandonar essa imagem negativa, que frequentemente surge nas brincadeiras dos homens, ela precisa buscar a rainha em si. A mulher que reconhece a rainha que vive dentro de si percebe sua força e dignidade e as irradia.

Outra deturpação do arquétipo da rainha é a mulher dominante, que decide tudo e controla sua família no sentido mais verdadeiro. Muitas vezes homens fracos provocam esse lado dominante da mulher, mas há também casos de mulheres que o possuem por si mesmas. Elas precisam sempre controlar tudo e não aceitam críticas. Tudo deve ser feito da forma como elas querem.

A verdadeira rainha, ao contrário, reina sem controlar os outros. Ela é forte sem enfraquecer os demais, ela está lá sem colocar os outros contra a parede. A rainha auxilia os demais e os conforta com sua dignidade.

Anselm: Como você vive a rainha em seu interior? O que a rainha faz em você? Quais são os sentimentos que ela desperta?

Linda: *Há alguns anos esbarrei com essa imagem da nossa feminilidade e senti imediatamente que gostaria de viver a rainha em mim mais fortemente. Mas sempre que percebo que me comparo ou não estou segura de meu valor, sei que perdi a rainha que vive em mim. A imagem da rainha me leva à autoestima e a uma grandeza que alteram minha imagem de mim mesma. Quando preciso decidir alguma coisa, pergunto-me frequentemente da posição de rainha: "Qual é o meu valor?", e a resposta está muitas vezes em minhas mãos. Por intermédio da rainha que vive em mim eu encontro sempre a confiança em minhas próprias forças e é dessa confiança que preciso quando me arrisco a fazer algo novo.*

Por vezes, fica imediatamente claro para mim como quero agir a partir da posição de rainha, mas em outros momentos preciso de mais tempo até que me encontre mais uma vez na força da rainha.

Em todos os campos, a imagem da rainha é, para mim, uma energia fortalecedora. Ela me leva mais fortemente à minha autoestima e me torna mais independente frente às desvalorizações porque eu penso: quem quer me avaliar? Isso não modifica em nada o meu valor próprio.

A rainha que vive em mim me leva a uma liberdade interna maior e, a partir disso, eu vivo bem.

3
EVA
A mãe

"Adão chamou sua mulher Eva; porquanto era a mãe de todos os viventes" (Gn 3,20).

Na história, Eva é costumeiramente descrita como a sedutora. A narração da queda do pecado marcou sua imagem ao longo dos séculos. No entanto, a verdadeira afirmação na Bíblia é que Eva é a mãe de todos os seres viventes. A maternidade está intimamente ligada à sua imagem de mulher, além de pertencer intrinsecamente à vida. Eva é a mãe da vida, ela tem vida e, como mãe, protege a vida, cria e cuida dela. Eva serve à vida.

Atualmente muitas mulheres são solteiras. Elas reagem de forma alérgica ao arquétipo da mãe, têm medo de serem imobilizadas a uma imagem que não corresponde a elas. Mas mesmo as mulheres sozinhas têm a ganhar com o arquétipo da mãe. A forma como agem no trabalho e como lidam com as pessoas pode ter algo de maternal e servir à vida.

A autora americana Jean Shinoda Bolen afirma que há três fases fundamentais na vida de uma mulher: a jovem, a madura e a sábia. A mulher jovem é quase sempre descomprometida e acumula experiências na sua formação, no trabalho ou em seus relacionamentos. A mulher madura vive a característica maternal, mesmo quando não o é no sentido biológico. O estágio da mulher sábia começa quando ela perde o interesse pelas tarefas da segunda fase e se orienta mais fortemente para seu interior.

Na segunda fase da vida, a mulher se liga a tarefas específicas e amadurece cada vez mais, posto que ela se ocupa dos seus compromissos. Ela pode estar presente para uma criança ou outra pessoa que precise, ela pode se dedicar à sua carreira, a uma boa coisa ou a um talento – a cada objetivo que é importante para ela. Essa fase se distingue pelo envolvimento e pelo esforço ativo. Muitas vezes, esses esforços são maiores do que muitas mulheres já previram. Essas tarefas trazem a elas, ao mesmo tempo, paz e preocupação e levam-nas, ao mesmo tempo, a progredirem e desenvolverem sua criatividade.

Antigamente as mulheres eram mais ligadas à figura da maternidade e muitas delas encontraram nisso sentido e satisfação. Outras sentiam que algo faltava a elas. Hoje, as mulheres vivem uma variedade maior de suas características maternais: a maternidade significa dar à luz um ser vivo, aceitá-lo, alimentá-lo, cuidá-lo, ter empatia, deixá-lo crescer, proteger a vida. Essa é uma postura amorosa, cuidadosa e protetora para com todos os seres vivos. Uma mulher pode viver seu lado maternal desempenhando o papel de mãe e ser tomada por isso, outra mulher pode se sentir chamada a trazer seu lado maternal em outra área. Quando uma mulher deseja expressar seu lado maternal, surge daí uma chance para cada uma desenvolver sua feminilidade.

Quando as mulheres não podem ter filhos, elas sofrem mais com esse fato que os homens. Isso se aplica não só a mulheres religiosas e solteiras, mas também a mulheres casadas que permanecem sem filhos. Frequentemente é preciso um longo período de luto para se desligar do desejo de ter filhos. Contudo, também para essas mulheres pode ser aplicado o arquétipo da mãe, pois elas podem viver seu lado maternal de variadas formas.

Mulheres que sofrem por não terem filhos têm muitas vezes a sensação de terem menos valor que as mulheres que se tornaram mães. Elas invejam outras mulheres que podem ter filhos facilmente. Às vezes elas também são amargas por não terem preenchido o desejo de ter filhos e estão absolutamente fixadas naquilo que lhes falta. Essas mulheres precisam de sua maternidade, sobretudo para que possam se sentir vivas, inclusive sem filhos. Elas precisam de cuidado e afeto para si mesmas, para que sintam a própria vida e possam se abrir para o que novamente pode surgir dela. Já por meio disso, tais mulheres vivem seu lado maternal.

Uma mulher me relatou que ela, já há alguns anos, desejava ter um filho. Mas infelizmente suas expectativas ainda não haviam sido preenchidas e, da maneira como era vista pelos médicos e parentes, ela já se sentia como uma deficiente. Ao mesmo tempo, essa mulher irradiava maternidade. Uma amiga dela disse então que ela prezasse muito por sua maneira maternal, porque isso faria bem a ela e os outros também sentiriam isso. Esse encorajamento ajudou essa mulher a ver que seu lado maternal era muito forte, mesmo sem ter filhos. A partir de então ela não queria mais se deixar definir pelo sentimento de que algo lhe faltava. Isso se oporia à sua nova consciência de que sua maternidade era forte e não poderia ser tirada, mesmo não tendo filhos. Ela permitiu uma nova vida para si mesma e nesse momento foi maternal consigo mesma.

Sempre que as mulheres estão abertas a coisas novas que vêm de dentro de seu interior, elas são maternais. Sempre que lidam com o novo atentamente e deixam-no nascer com tranquilidade, elas são maternais. A maternidade, mesmo sem crianças, permanece sempre como uma parte da feminilidade e como a impressão da vida feminina. Como uma mulher expressa essa vida depende de suas escolhas e distingue a multiplicidade feminina. As mulheres que desejam expressar sua energia feminina sentem-se muitas vezes presssionadas a alimentar os outros, a cuidar e a assumir responsabilidades. Mas promover o crescimento, ser generosa e tolerante e apoiar outras pessoas em seu desenvolvimento também são uma expressão maternal.

Algumas mulheres se sentem realmente satisfeitas quando cozinham para outras pessoas e a comida as agrada. Por outro lado, há mulheres que alimentam espiritualmente as pessoas. Muitas se realizam ao ajudar as pessoas a ficarem saudáveis e se desenvolverem. Igualmente, as mulheres agem de forma maternal ao dirigirem ou expandirem uma organização, ou quando protegem os seres vivos. Mesmo o cuidado carinhoso com um animal ou uma planta demonstra essa maternidade.

Se uma mulher se torna mãe, almeja despertar em seu filho a alegria pela vida, quer amá-lo, alimentá-lo e cuidá-lo. Quer explicar a ele sobre a vida e familiarizá-lo com aquilo que ele deve aprender. A mãe deseja também ajudá-lo a conhecer seus sentimentos, seu interior. Ela tenta auxiliá-lo a fazer contato com as pessoas, a ser corajoso e a superar suas dificuldades.

Nessa tarefa, uma mulher aprende muito sobre si mesma. Ela se conhece de tal forma, como até então não havia se conhecido. Ela deve aceitar seu filho e não deve deixá-lo quando ele está presente. Isso modifica a vida de uma mulher profundamente. Nenhum ser humano estará tão próximo dela como seu filho. E nessa proximidade se mostra quem ela é, onde ela está em relação ao seu desenvolvimento e quanto ela é capaz de amar. Ela vive tudo o que seu filho tem em si e deve lidar com isso de forma imediata: o choro, a teimosia, a alegria, a raiva, a birra e o ciúme. Em seu papel de mãe, a mulher precisa desenvolver muita flexibilidade e, ao mesmo tempo, aceitar seus limites. Isso a desafia enormemente a lidar de forma responsável com sua vida. Ela sente o que significa ser "mãe dos viventes".

A mulher tem também a tarefa de apresentar à criança o sentido básico da verdade, de transmiti-la a ela. "Que bom que você está aqui. Seja bem-vindo". A maternidade significa a afirmação da vida e a afirmação do mundo: é bom viver neste mundo. O mundo é o espaço em que estamos seguros, somos bem-vindos e onde devemos estar. Desde então a criação está ligada à mãe.

As antigas divindades maternais foram sempre deusas do crescimento e do amadurecimento, deusas da terra. Também na natureza o homem experimenta um suporte. Ele deve ser; ele não será discriminado e julgado. E isso também é uma tarefa decisiva da mãe: permitir ao filho que ele seja também – e, na verdade, assim como ele é – fraco. Ao invés de julgar, a mãe procura desenvolver na criança aquilo que ainda não foi aprendido. A maternidade é, assim, uma postura otimista da vida e do mundo, e a mulher respira compaixão e benevolência, cuidado e calor.

Para os indianos, a maternidade é o grau espiritual mais elevado. As mulheres que descobrem em si o maternal estão – de acordo com os indianos – abertas para Deus e para o segredo da vida.

Muitas reagem com fúria à imagem frequentemente propagada da mulher, em que é característica a tríade: criança, cozinha e igreja. É importante que as mulheres possam escolher hoje em dia como moldar sua maternidade. Para algumas, é bom ficar em casa com as crianças; outras a aliam ao seu trabalho.

Por aquilo que as mulheres se decidem atualmente, muitas vezes elas se sentem chamadas a explicar aos demais por que elas, como mães, decidiram ficar em casa para cuidar dos filhos ou, em outros casos, por que optaram por seguir sua carreira. Nesses casos, frequentemente as mulheres se enfraquecem mutuamente, ao classificar negativamente a outra opção. Muitas mulheres preferiam ficar em casa com seus filhos, mas se veem obrigadas pelas circunstâncias de sua vida a trabalhar fora. Outras mães gostariam de desenvolver outro trabalho se têm a habilidade para isso. Aqui as mulheres poderiam se encontrar de maneira maternal e agir solidariamente quanto ao que move outras mulheres. Não é preciso nenhuma justificativa para as escolhas da mulher: isso é parte de sua responsabilidade pessoal.

A feminista norueguesa Janne Haaland Matlary, política e mãe de quatro filhos, critica o feminismo dos anos 70 do século XX por acentuar demais a igualdade entre homens e mulheres, e sugere que as mulheres deveriam refletir conscientemente sobre a maternidade. Ela defende que as mulheres têm maiores possibilidades, como mães, de unir trabalho e maternidade. Mães que tomam, ao mesmo tempo, responsabilidade sobre a sociedade e a política, trariam outra qualidade para esse campo. Como política, a senhora Matlary trouxe para as discussões uma nova intuição para as necessidades concretas das mulheres e das crianças em zonas de guerra. Ela acredita que operações de paz são mais bem-sucedidas com uma maior proporção de mulheres. "Há uma forma de compreensão entre mulheres que os homens, naturalmente, não podem ter" (MATLARY, 2001: 183).

A mãe promove o crescimento e o desenvolvimento da criança e auxilia o fraco. Ela consente a vida e deixa ir. Essa é a tarefa mais difícil da mãe: deixar seus filhos irem, deixá-los livres para que possam seguir seu próprio caminho. Mas, em todas as partidas, a mãe está pronta para oferecer proteção e segurança, quando seus filhos retornam. Oferecer sem esperar nada em troca; dar, sem exigir gratidão: essas são posturas da mãe que correspondem a uma espiritualidade profunda. Quando uma mulher realiza o maternal, ela se torna uma mulher espiritual.

Outro grande desafio de uma mulher maternal é aceitar a si mesma. Ela deve aceitar seus filhos com suas necessidades e humores. Isso é uma arte do ser humano. Com isso a mulher exercita o que verdadeiramente significa o ditado: promover a vida, servindo à vida. Conter-se sempre para se dedicar aos filhos exige um enorme altruísmo, além de ser, ao mesmo tempo, a expressão da maturidade. Uma mãe concretiza claramente o que Jesus reivindica de seus discípulos: "Quem deseja ser meu discípulo renega a si mesmo, toma sua cruz e me segue" (Mt 16,24).

Várias mães se identificaram tanto com essa postura que, até mesmo em conversas com adultos, colocam-se em segundo plano e não têm mais confiança em ser o que são e falar sobre aquilo que as toca, ou o que fazem em seu dia a dia. Elas não reconhecem mais o valor naquilo que fazem por sua família. Com frequência, elas se sentem esgotadas à noite, mas ninguém as leva a sério. Muitas mulheres assumem inconscientemente a desvalorização do maternal pela sociedade. Elas mesmas medem o valor pessoal apenas em carreiras profissionais reconhecidas pela sociedade e não prezam pelo valor ideal que têm.

É verdade. Nos dias atuais, a carreira, a concorrência e o mérito profissional têm uma grande importância na sociedade. É apenas por meio disso que se obtém reconhecimento. Quando as mulheres são bem-sucedidas em seu trabalho, são reconhecidas porque alcançaram algo como um homem. Quando, ao invés disso, as mulheres trazem seus filhos ao mundo e mostram seu valor, quando fomentam suas capacidades e escolhem criá-los como homens de bem, ninguém fala em sucesso ou carreira. Para muitas mulheres, isso prejudica sua autoestima, mas isso também pode levá-las a encontrar em si mesmas o valor de suas tarefas. Dentro de uma sociedade em que as pessoas são vistas apenas por intermédio daquilo que fazem é cada vez mais necessário o sentido de maternidade. Por meio dele, as pessoas experimentam o que significa simplesmente estar lá por alguém, sentir o suporte, ser aceito, sem que, para isso, seja preciso produzir alguma coisa.

Com isso, todas as pessoas anseiam por energias maternais, cuidado e calor, principalmente quando não estão bem. Então, quando encontram alguém que demonstra um comportamento maternal, que está presente, que cuida e carrega; que oferece consolo e fica ao lado para ajudar no que for preciso, essas pessoas se sentem fortalecidas e podem se dedicar às suas vidas novamente. Quem recebe este sentimento maternal sente-se imediatamente melhor.

Muitas mulheres veem suas próprias mães de maneira negativa e sentem dificuldade em se identificarem com o arquétipo maternal. Certamente, isso acontece por uma série de razões. Na filha, a mãe reconhece uma ligação feminina e daí resulta também problemas, porque essa ligação pode significar excesso de proximidade, poucos limites e também demasiadas expectativas: o que a mãe não alcançou deve ser realizado pela filha. Com isso, a filha precisa frequentemente protestar para encontrar sua própria força. Muitas mulheres vivenciaram suas mães quase unicamente no papel materno, e muito pouco como mulheres. Isso proporciona uma imagem unilateral da feminilidade, a qual elas não desejam seguir. E muitas mães também dão preferência aos filhos homens. Torna-se importante para elas terem um filho, elas o colocam no centro e, com isso, desvalorizam suas filhas. Elas não demonstram às suas filhas o prazer em ser mulher. Muitas vezes, a exaltação dos filhos é a expressão da própria falta de autoestima. Quando a mulher não se respeita enquanto tal, acaba por exaltar os homens. As filhas devem aprender com suas mães a descobrir sua dignidade e o prazer em ser mulher. Quando a filha não se identifica com o ser mulher em sua mãe, frequentemente ela se rejeita como mulher ou, então, ela desenvolve uma imagem feminina contrária àquela da mãe. Isso pode ser até mesmo útil para que a mulher desenvolva outras qualidades. Todavia, quando a característica do maternal não está presente, falta aí uma característica decisiva da mulher.

O feminismo fortaleceu a mulher em muitos aspectos, mas também contribuiu para que ela não respeitasse suficientemente sua dádiva maternal. Tal postura pode ter surgido da história com sua própria mãe e também de um protesto contra as estruturas patriarcais. Mas isso acaba ligando as mulheres mais àquilo contra o que elas se rebelam do que com aquilo que as torna livres para viver o que carregam em si mesmas. Ao não valorizarem o que há de maternal em si mesmas, as mulheres esperam frequentemente que os outros o façam por elas. Todavia, são elas mesmas que devem reconhecer o valor e a dádiva de sua maternidade. Cabe a elas considerar preciosas todas as facetas de sua feminilidade. O respeito ao seu lado maternal só pode sair delas mesmas. Aquilo que as mulheres valorizam em si irradia para os outros.

Todas as mulheres que são mães conhecem a preocupação de marcarem um filho negativamente. Como o sofrimento psicológico é geralmente atribuído às feridas da infância, os olhares dos terapeutas se direcionam inevitavelmente às mães. Quando há problemas com a criança, a mãe é, na maioria das vezes, a responsável por seu comportamento, sua imaturidade ou suas fraquezas. Isso faz as mulheres suscetíveis aos sentimentos de culpa. As mães necessitam de delicadeza para reconhecerem quando reagem frente a seus filhos mais por amor ou mais por temor. Mas elas também precisam de uma saudável autoconfiança para não tomarem para si toda a responsabilidade pelo comportamento de seus filhos. Essa influência maternal é avaliada negativamente hoje em dia em conversas sobre a mãe. As alegrias que foram vividas em conjunto quase não aparecem como parte da conversa. Na verdade, pessoas bem-sucedidas e felizes raramente afirmam que suas mães são a razão para que estejam bem e abençoadas.

A maternidade está sempre no pano de fundo de cada história de vida, uma vez que há pausas e restrições que não são facilmente removidas quando uma mulher se torna mãe. A história com a nossa própria mãe é o processo de amadurecimento para cada um de nós. Amadurecer significa também tornar-se maternal consigo mesmo.

Outro aspecto da maternidade está na aceitação da responsabilidade: mulheres maternais sentem-se responsáveis por tudo. Elas organizam o dia dos filhos, a casa. Elas cuidam para que tudo esteja bem. Esse papel pode ser tomado por uma chefe de departamento, por exemplo, ou uma mentora que "sabe da melhor maneira" como um trabalho deve ser desenvolvido e, talvez por isso, faça tudo sozinha. Esse comportamento minimiza as pessoas ao redor.

Atualmente, há também homens que se pressionam a assumir a responsabilidade por sua própria casa e pela educação de seus filhos. No entanto, muitas mulheres acabam tomando inconscientemente a responsabilidade para si e reclamam que os homens se afastam e não veem o trabalho. O lado sombrio da responsabilidade é o controle. Muitas mulheres exercem o controle, para que tudo aconteça da maneira como elas pensaram. Muitas mães preenchem todas as necessidades externas e querem manter tudo em ordem, mas acabam não preenchendo suas necessidades internas. Ter tudo sob controle as impede de se conhecerem. É importante que as mulheres aprendam a dividir responsabilidades e a libertar-se da carga que carregam. Para isso, elas também precisam admitir que necessitam de ajuda, e que um homem cuidará de muitas coisas de maneira diferente dela.

Observa-se hoje em dia que as jovens mulheres entram bastante autoconfiantes e fortes no casamento. Elas organizaram suas vidas e foram responsáveis por si mesmas. Mas assim que assumem o papel de mãe entregam-se a antigos padrões: comportam-se de maneira submissa e deprimem-se. Aparentemente, elas assumiram seu papel materno na atitude unilateral de entrega. Sem dúvida uma mãe deve se doar muito. Mas ela só será capaz de fazê-lo se tiver a coragem de reivindicar algo para si. Ela deve aprender a receber sem sentimento de culpa. Ela deve e tem pleno direito de tomar um tempo para si mesma.

Quando falávamos com nossa mãe que todos precisam de um tempo para si, ela compreendeu o que queríamos dizer no auge dos seus 88 anos. Ela afirmava que, nas mais alvoroçadas situações, ela simplesmente se sentava e resolvia palavras cruzadas. Essa era sua maneira especial de ter tempo para si, de escapar da confusão de uma família com sete crianças. E nós, crianças, respeitávamos isso sempre, por mais estranho que podia parecer. Quando nossa mãe fazia palavras cruzadas, ninguém sequer pensava em pedir algo para ela.

Muitas mães estão atualmente sobrecarregadas porque não têm coragem de tomar para si o que necessitam. Diante da ruidosa maternidade não reconhecem mais a mulher em si mesmas. Mas, mesmo como mães, as mulheres precisam da expressão de vida, elas não devem ser simplesmente esquecidas, senão perdem seu equilíbrio. Quando a mãe desenvolve além da postura de dar também a postura de receber, ela percebe que seus filhos também oferecem muito em troca. Eles oferecem a ela amor e gratidão, alegria e vida, leveza e fantasia. Em determinadas circunstâncias, muitas mulheres quase não notam o que recebem de seus filhos.

A postura de dar e receber de uma mulher maternal pode ser uma bênção para outras pessoas, mas pode também levar muitas mulheres a se sentirem rendidas, exaustas. Há o grande risco de não mais dizer não. Essas mulheres querem muito oferecer algo bom a outras pessoas, mas muitas vezes não se dão conta de que elas mesmas também precisam receber. Se elas apenas oferecem, acabam se negando a receber algo em troca e acabam impedindo que outros façam algo bom por elas.

Na Mitologia aparece a imagem da mãe devoradora, que come seu filho. Quando a mãe não aprende a deixar ir, ela corre o risco de monopolizar seus filhos, ou então ela dá muito porque ela mesma precisa de muito. Ela procura preencher sua própria indigência ao alimentar as necessidades de seus filhos e, então, ela exige gratidão deles. Este aspecto negativo do maternal se deixa ver em outras situações, quando, por exemplo, uma mulher se inclina a papariçar todos, sem perceber se o outro precisa daquilo. Ela papariça seu marido e, dessa maneira, faz dele uma criança. Ela papariça todos os convidados: a princípio, eles se sentem bem-tratados, mas com o tempo essa postura se torna demais e os convidados acabam tendo receio de serem monopolizados. A mãe os persuade sobre quais são suas necessidades.

Em um curso para mulheres eu sugeri que as participantes associassem ao tema "mãe" aquilo que viesse à mente. Então as seguintes frases foram surgindo: "Cuidado, estar sempre presente, não poder dizer não. Desistir de si mesma. Estar presente apenas para a família: cuidar, cuidar, cuidar dos outros. Perceber as necessidades dos outros. Estar sempre presente".

Essas palavras trazem a reclamação que as mães frequentemente têm de si mesmas. Na verdade, elas afirmam que não devem dizer não e frequentemente experimentam a maternidade de maneira esgotante. Se as mulheres estão sempre presentes para a família e precisam cuidar constantemente das crianças, elas também devem ter um tempo para si mesmas, para cuidar de si mesmas. Senão o cuidado com a família se torna um esforço demasiado e elas se tornam agressivas.

Quem, ao contrário disso, também nutre esse cuidado por si mesmo, será mãe com apreço. Isso ficou evidente em outras observações: "Eu acho meu trabalho como mãe muito fácil, me traz diversão e me dá confirmação. O papel de mãe me satisfaz e se torna único quando as outras imagens femininas não prosperam. Eu fui criada neste papel, eu desfruto o tempo que passo com meus filhos". Aqui é possível perceber que essas mulheres são mães com prazer. Elas são gratas por seus filhos e desfrutam do tempo com eles: é possível desfrutar quando se pode dar. Elas não se esgotam com isso, porque tiram forças de uma fonte interior. Essas mulheres sabem que ser mãe é apenas um aspecto de suas vidas e como cada uma das imagens da mulher também traz perigos, se vivida unilateralmente. "Ser maternal é estar presente com o coração, cuidar das outras pessoas, mas nisso reside também um grande perigo de abuso de poder comigo mesma (cobrir tudo com a maternidade) e com os demais – exercendo o poder por debaixo do pano da maternidade."

Ter Eva como mãe de todos os seres viventes mostra a nós, mulheres, o que significa vivenciar a vida em tudo. Eva pressionou para que o fruto da árvore do conhecimento fosse comido, ela queria experimentar a vida em tudo o que ela oferece. Ela viveu isso com todas as consequências: ela viveu a alegria e a dor. Eva vivenciou a si mesma e ganhou, no decorrer disso, conhecimento e maturidade pessoal.

Essa é uma imagem incrível para a mulher. Ela expressa sua dignidade. Com Eva as mulheres modernas podem aprender não só a descobrir como também a festejar sua dignidade como mulher maternal. Aqui não se está falando apenas da maternidade biológica, mas também de certa atitude diante da vida. Toda mulher é maternal quando promove a vida, auxilia os mais fracos e dá suporte a eles, e quando encontra as pessoas com cordialidade e carinho. Afirmar a maternidade significa perceber sua própria dignidade, significa também seguir um caminho espiritual sem precisar aprender um método de meditação qualquer. O próprio aprendizado da postura de dar e receber, de deixar ir e crescer, já é um caminho espiritual. E neste caminho a mulher vivencia cada vez mais o segredo da sua feminilidade, assim como o segredo de Deus, que é tão profundamente mãe.

Para nós cristãos a mulher reflete uma face importante de Deus: nela brilha algo do Deus maternal. No Profeta Isaías Deus se compara a uma mãe amorosa: "Porventura pode uma mulher esquecer-se tanto de seu filho que cria, que não se compadeça dele, do filho do seu ventre? Mas ainda que esta se esquecesse dele, contudo eu não me esquecerei de ti. Eis que nas palmas das minhas mãos eu te gravei" (Is 49,15-16). Deus nos consola assim como uma mãe consola seu filho (cf. Is 66,13). A maior dignidade da mulher como mãe está provavelmente no fato de que algo de Deus se expressa nela: a face maternal, carinhosa, cuidadosa, consoladora e amorosa do Senhor. Já nos primeiros dias os homens sabiam se reverenciavam a deusa mãe. Eles entenderam o segredo da mãe. A mãe representa algo de essencial de Deus. Ela remete à grande deusa que nos presenteia a vida e que cuida para que a vida se transforme e amadureça até que se transforme finalmente em morte. Ela é a mãe que alimenta, mas também a deusa do destino, que tece o fio dos homens. Ela é a mãe dos seres viventes. Ela traz vida nova de dentro de si, protege-a, cuida-a e transforma-a.

Anselm: Você é mãe de três crianças e avó de outras três. O que significa ser mãe para você, para sua identidade?

Linda: *Desde que eu era criança desejava ser mãe. Isso estava em mim. Com certeza também me marcou o fato de minha mãe se realizar em sua tarefa como mãe. Eu também queria muito cuidar dos outros e estar presente para* *eles. Mas eu, como mãe, também tive que aprender não só a colocar minhas necessidades, como a observar minhas vontades. Nem sempre eu consegui isso muito bem e sentir-me frustrada era um sinal de que eu deveria respeitar a mulher em mim. Ser mãe me permitiu viver lados meus completamente diferentes do que me eram requisitados no trabalho. Fortaleceu-me perceber que eu era capaz de liderar e organizar e que, mesmo no meio do caos, eu mantinha a tranquilidade. Eu tive de aprender a ter muita paciência e a dar às crianças o tempo que precisam para amadurecerem. Compreender e guiar todas as expressões emocionais espontâneas das crianças foi um grande desafio, mas também fortaleceu minha compreensão para todos os níveis emocionais humanos.*

Estabelecer meus limites foi um processo de aprendizado constante. As crianças frequentemente me mostraram claramente todos os meus lados sombrios, o que era desconfortável, mas tinha efeitos saudáveis. Com prazer eu jogava ao ar livre com elas todos os jogos da minha infância, e me sentia tão livre e despreocupada quanto elas.

Eu também sofri com a falta de reconhecimento, até que percebi que há algo em mim. Em algum momento não era mais importante para mim se a sociedade reconhecia isso ou não. Tudo se voltou para o valor que eu dava a mim mesma. Quando as crianças cresceram e foram embora de casa, eu percebi que me fortaleço ao cuidar, o que eu podia expressar muito pouco até então. Eu vi nisso uma grande oportunidade e me alegrei ao deixar cada filho seguir seu caminho.

A maternidade me fez mais compreensiva em relação a tudo o que as pessoas sentem e expressam. Ser mãe foi o meu caminho pessoal de amadurecimento.

4

AGAR
Abandonada, mas protegida pelo anjo

A literatura mundial está repleta de relatos de mulheres abandonadas: sempre acontece de um homem abandonar sua mulher. Antigamente, uma guerra era o principal motivo que levava homens a deixarem suas mulheres. Hoje em dia é mais comum que os problemas no casamento ocasionem o abandono, ou o homem deixa sua mulher porque se apaixonou por outra. No entanto, a mulher abandonada não é, de maneira alguma, deixada pelos bons espíritos: ela está especialmente sob a proteção de Deus.

Os romances que descrevem mulheres em seu abandono levam as mulheres às lágrimas. Ali elas se encontram. Certamente há na alma da mulher um pressentimento do que significa ser abandonada. Mas, ao mesmo tempo, encontra-se em sua alma o impulso de que Deus não a abandona. Assim já havia previsto o Antigo Testamento: "O SENHOR guarda os estrangeiros; sustém o órfão e a viúva, mas transtorna o caminho dos ímpios" (Sl 146,9). A viúva é a imagem típica da mulher abandonada. No Antigo Testamento, Agar, a escrava de Abraão, é o arquétipo da mulher abandonada, mas ao mesmo tempo protegida por Deus.

Como Sara, a mulher de Abraão, é estéril, ela oferece ao seu marido sua criada Agar, para que possa dar um filho a ele. Mas quando Agar engravida de Abraão, ela se sente superior a Sara e a trata com superioridade. Quando Sara reclama disso com Abraão, ele entrega a ela a criada: "Aqui está sua criada; ela está em suas mãos. Faça com ela o que você quiser" (Gn 16,6). Sara trata sua criada tão mal a partir de então, que Agar foge dela.

Aqui fica evidente um aspecto negativo da mulher: Sara é ciumenta. Ela não suporta a ideia de que sua criada esteja grávida e ela não. Então ela passa a reprimi-la e a mostrar sua superioridade. As mulheres vivem isso frequentemente: quando desenvolvem em si uma força, são muitas vezes combatidas por outras mulheres. Muitas delas não suportam que outras vivam o que elas mesmas se proibiram viver ou o que não é possível para elas. Ao invés de se alegrarem diante da força de outra mulher, elas acabam combatendo-as.

Agar foge de sua senhora. Quando ela se senta em uma nascente no deserto, o anjo do Senhor a encontra e diz a ela: "Agar, criada de Sara, de onde você vem e para onde você vai? Ela responde: Eu fugi de minha senhora Sara. Então o anjo do Senhor diz para ela: Volte para sua senhora e suporte sua severidade!" (Gn 16,8s.). À primeira vista a ordem do anjo parecia exigir demais de Agar: ela deve voltar à situação anterior e suportar o tratamento severo de sua senhora. A reação de Agar é tipicamente feminina: coloca-se como vítima e suporta o que é encarregado a ela. Mas, neste sentido, não é possível entender a ordem do anjo. Agar não deve entrar no papel de vítima. O papel de vítima não faz bem à mulher, pois nesse papel ela se torna, muitas vezes, o próprio ofensor. Ela se sacrifica por outras pessoas e confirma, ao mesmo tempo, o seu meio. Ao mesmo tempo em que ela se sacrifica, ela exerce poder porque as pessoas devem compensar a vítima. Ou ainda, ela espalha com seu papel de vítima uma atmosfera de medo, opressão e culpa. Ao lado de um cordeiro imolado não é possível se sentir confortável; ao contrário, sente-se constantemente culpado.

Mas o anjo envia Agar de volta à sua senhora com uma promessa: "Multiplicarei sobremaneira a tua descendência, que não será contada, por tão numerosa que será... Você está grávida, você terá um filho e o chamará Ismael (Deus ouça); pois o Senhor terá te ouvido em sua aflição" (Gn 16,11).

Agar pode então suportar melhor a situação de opressão porque ela carrega uma promessa. Ela conhece sua grandeza: tornar-se-á mãe de muitos descendentes. Seu filho se tornará arqueiro, a vida dele será bem-sucedida, porque Agar sabe que tem grandeza intocável e que Deus a conhece e cuida dela. Ela sabe que dentro de si há algo sobre o qual sua senhora não tem poder. Em último caso, Sara não pode feri-la profundamente. Agar chama o nome de Deus "El-Roí (Deus que olha por mim)" (Gn 16,13). Como é vista por Deus em sua grandeza, ninguém pode tirar isso dela. Ela tem, além do tempo contínuo, algo indestrutível dentro de si. Ela carrega algo divino, sobre o qual o mundo não tem poder.

Muitas mulheres resistem a situações difíceis, porque conhecem a grandeza em seus corações. A vida que há nelas prosseguirá nesse mundo. Isso se aplica não só para a mãe, mas também para mulheres sem filhos. Quando elas percebem que são as guardiãs da vida, elas são capazes de suportar e proteger a vida até mesmo durante as situações difíceis. E quando elas sabem, como Agar, que Deus olha por elas, não se sentem abandonadas e as palavras depreciativas de seu meio não as podem magoar.

Dos muitos relatos dos tempos de guerra eu ouvi várias vezes quão fortes eram as mulheres que fugiam desprotegidas das regiões de conflito. E, depois da guerra, foram as "mulheres dos escombros" que contribuíram consideravelmente para a reconstrução da Alemanha. Elas salvaram suas famílias nas mais difíceis circunstâncias e encontraram, apesar de tudo, um espaço de proteção para as crianças. Dentro delas havia algo da força de Agar: elas conheciam claramente sua grandeza e demonstraram resistência e perseverança, o que deve provocar admiração.

Quando Sara teve Isaac, ela ficou feliz em primeiro lugar. Mas então observou como Ismael, o filho de Agar, brincava feliz e isso ela não podia suportar. Ela não se alegrava pelo filho de sua criada. Então ela pressiona Abraão para que ele mande a criada e seu filho embora. E Abraão, como é muito medroso para resistir à sua mulher, embora o faça de má vontade, acaba cedendo ao desejo de Sara. Contudo, Deus diz a Abraão que ele não deve se aborrecer, pois de Ismael surgirá um grande povo.

Assim, Agar muda-se mais uma vez para o deserto. Quando o estoque de pão e água acaba, Agar joga seu filho embaixo de um arbusto. Ela já não consegue mais suportar os seus gritos. Então Deus envia mais uma vez um anjo, que abre os olhos de

Agar e ela avista um poço perto dela. Assim, Agar resiste a essa situação porque um anjo a protege.

É sempre muito ruim para uma mulher quando ela é abandonada por seu marido ou quando o marido se separa dela porque o seu trabalho ou outra mulher são mais importantes. Muitas perguntas e sentimentos agitam-se nela, como: "eu não sou boa o suficiente, ele ama outra mulher, o que eu fiz de errado? ou eu não tenho mais valor?"

Agar está perto de desistir de si mesma e de seu filho. Mas o anjo, que ouve não só o grito de seu filho, mas também a necessidade de Agar, abre seus olhos. Ela vê a fonte de onde pode beber. O anjo mostra que ela não é apenas a abandonada, mas dentro de seu interior há uma fonte de onde ela pode beber. Ela tem dentro de si recursos de onde pode ter esperanças. Ela não é dependente do homem e não se define por meio dele; ela existe por si mesma e tem fontes que não se esgotam jamais. Quando a mulher entra em contato com essa fonte interna, ela é então capaz de resistir às situações de abandono, ela não desiste de si mesma. Nela floresce uma nova vida, que emana de sua própria fonte interna. Ela se define por sua própria dignidade e, por fim, por Deus.

Inadvertidamente todas as mulheres que vivenciaram o abandono de seus maridos desenvolvem uma raiva enorme deles, quando, no término, os maridos afirmam que faltou muita coisa na relação entre eles. Elas acreditam que, se eles tivessem dito isso claramente quando ainda estavam juntos, elas poderiam ter reagido a esse fato. Elas se sentem impotentes por não terem mais a chance de preencher o que faltava na relação.

Quando eu pergunto se não foi dado nenhum sinal de que faltava algo para o outro, elas dizem com certa frequência que havia alguns sinais, mas que elas não os haviam levado tão a sério, porque não imaginavam que sua relação fosse dependente daquilo. Em sua raiva, elas reconhecem que também tinham desejos na relação que não foram vividos. Sua dor mais profunda sobre o abandono toca na rejeição que elas sentem, no medo de como a vida delas deve seguir, além de tocar na confiança perdida no seu parceiro. Assim, é com a confiança que temos problemas.

Em conversas, as mulheres percebem que é sua tarefa tornar-se mais sensível aos seus próprios sentimentos e desejos, pois elas são a vida que trazem para o relacionamento e será por meio disso que o relacionamento se tornará vivo. Mas frequentemente, o dia a dia é tão preenchido com obrigações, que elas não percebem mais. A experiência de ser deixada pelo marido pode impeli-la a não se abandonar, a não se conformar sobre seus sentimentos e a não estar presente somente pelos outros, mas também por si mesma.

Um exemplo: uma mulher que se casou com um curandeiro indiano e vivia em Allgäu contou-me que era também comum entre os indianos que o homem em uma idade mais avançada se separasse da sua esposa e se unisse a outra mulher. Claro que essas mulheres vivem a dor e a tristeza da despedida, mas não no sentido de serem abandonadas: ao contrário, elas vão para o papel ativo. Elas o liberam e, ao mesmo tempo, tornam-se livres também. Elas afirmam: "Eu o libero e ele permanece meu marido". Elas querem dizer, com isso, que nada do que eles viveram nos anos juntos será apagado, e que o novo relacionamento do homem não pode ser comparado com o rela-

cionamento que teve com ela: o novo relacionamento é simplesmente diferente. Isso não a fere em seu valor da maneira como isso afeta muitas mulheres daqui; antes, elas convivem com o fato de que, no amor, existe tanto o ficar quanto o passar adiante, exatamente como acontece na natureza, sem ser preciso se martirizar sobre o que seria sua culpa. Os homens também vêm com as outras mulheres na família. Neste relato, impõe-se o aspecto da liberação ativa, a qual a natureza sempre exige também dos homens e que também se relaciona ao amor entre homem e mulher. Entre nós, trata-se muito da busca pela culpa e pelos erros; trata-se do rancor e da ferida, do sentimento de perda do valor. Os indianos vivem mais fortemente a entrega à vida e para as mulheres indianas é mais fácil porque, em uma situação como essas, elas recebem maior suporte da comunidade.

Para diferentes poetas judias fascina, acima de tudo, o motivo da fonte em Agar. Para Nelly Sachs, a fonte à qual o anjo guiou Agar é o símbolo primeiro da esperança.

> Mas os poços
> São seus diários
> Ó Israel.

E Ben-Chorin canta a Agar em sua maior necessidade, na qual ela conta com ajuda:

> Nas mãos cansadas de sua criada
> Ela escondeu sua cabeça, pesada, com lágrimas
> E sentiu um anjo no terreno
> De um exército de chamas de um Deus desconhecido
>
> Ela pensou apenas – foi um anjo,
> Ele se inclinou para ela em sua aparência iluminada

E foi consolo, abrigo

E proteção.

A situação em que chegou Agar não é estranha em tempo algum. Repetidamente as mulheres são abandonadas ou até mesmo expulsas por seus maridos. Muitas vezes outra mulher, para quem o marido dá preferência, é a culpada da situação. Desse modo, a mulher se sente verdadeiramente como uma escrava que fez tudo pelo marido, que parte somente porque ele não precisa mais dela, porque ele encontrou outra mulher. Ela se sente usada como uma empregada doméstica, que manteve sua casa e suas roupas em ordem, mas que será agora enviada ao deserto porque não tem mais utilidade.

Quando as mulheres vivem o maternal muito intensamente, com frequência a mulher erótica não está mais presente, ela aparece muito pouco. As mulheres acabam se protegendo do seu lado erótico com um excesso de maternidade, pois naquele ponto muitas delas não se sentem livres. Elas sentem como a antiga valorização as impede de ser mais abertas a isso. Quase sempre elas se sentem pressionadas pelas expectativas do homem e vivem na defensiva, o que pode ser um assunto controverso em uma relação. Frequentemente, não há a troca que ambos necessitam para se sentirem respeitados em suas necessidades. Para a mulher, é especialmente ofensivo quando o homem a deixa por isso e a troca por outra.

Muitas mulheres que foram abandonadas têm dificuldade em acreditar em sua grandeza. Elas se sentem no deserto e desistem de si mesmas; elas têm fome e sede de amor e ameaçam morrer de sede no deserto. Muitas acabam desenvolvendo um ódio abismal por todos os homens e veem somente o negativo neles. Assim, surgem preconceitos como: "os homens são todos iguais. Para eles importam somente o sexo, seu prazer e sua própria vantagem. Eles são irresponsáveis. Desconhecem a fidelidade e o amor verdadeiro". É de se compreender quando tais preconceitos se formam nas mulheres que foram abandonadas por seus maridos. É uma ferida profunda, mas mulheres fortes trabalham essa ferida e desenvolvem suas próprias forças. Elas usam sua agressão para rejeitar o homem que as abandonou, e transformam sua agressão na ambição para viverem por si mesmas. Elas criam com isso a vontade de dar forma às suas vidas e de desenvolverem habilidades que estavam nelas escondidas.

Uma mulher de meia-idade experienciou ser trocada pelo marido por uma mulher mais jovem, depois de 40 anos juntos. Eles haviam criado seus filhos e construído sua casa. O homem conseguiu seguir sua carreira porque sua mulher organizava e administrava tudo em casa. Durante a separação de seu marido, ela estava profundamente magoada e sem forças. Ela acreditava que desfaleceria. Depois de um período difícil, em que ela colocou a situação abertamente, ela disse a si mesma a frase: "Talvez tenha sido um presente para mim que o meu marido tenha feito isso comigo. Agora eu sou obrigada a me concentrar em mim mesma e descobrir novas facetas minhas. Eu preciso começar uma vida completamente nova e nisso eu vejo agora uma grande oportunidade". Nesse momento, ela se reconciliou consigo mesma: ela havia retomado sua dignidade e sua força.

Onde as mulheres abandonadas por seus maridos e jogadas no deserto encontram hoje o anjo que pode ajudá-las a abrir seus olhos? Muitas vezes são as amigas que ajudam a mulher abandonada. Elas proporcionam o sentimento de que ela é valiosa, apesar de tudo, e de que tem a riqueza dentro de si. Ela deve transformar o sentimento de traição, de dor e de ódio em ambição para organizar sua vida. Ela não é apenas a mulher do seu marido, ela é a mãe de um arqueiro. Sua vida deu certo. Ela encontra a meta na qual atira a flecha.

Por vezes é também um livro que funciona como anjo. Ele pode abrir os olhos da mulher para que ela aprenda a avaliar sua situação diferentemente. Por vezes é a experiência na missa ou na meditação que dá a ela a certeza: "Minha vida é bemsucedida. Eu jamais estarei sozinha novamente. Um anjo está comigo. O anjo: essa é a certeza da minha grandeza divina, esse é o meu lado espiritual, esse é o meu entendimento de Deus e do segredo da vida. A dor na qual o meu marido me atirou abriu os meus olhos para a minha grandeza divina intocável. O homem pode me deixar e me magoar, mas ele não pode tirar de mim a minha grandeza interior".

A mulher que perdeu seu marido na morte sente, na maior parte das vezes, uma grande conexão e fala com ele em silêncio sobre aquilo que sente. Ele é para ela o anjo que a acompanha e a apoia, quando ela se sente desamparada. Outras mulheres procuram um lugar na natureza como, por exemplo, uma árvore, onde elas possam se apoiar e que possa trazer a elas consolo por meio de sua estabilidade.

Com Agar, as mulheres podem aprender a não se afundarem em autocompaixão e a não se endurecerem nas acusações contra o seu marido ou os homens de maneira geral, mesmo nas situações mais difíceis e de maior dor. Ao invés disso, elas devem tomar a vida em suas mãos e beber da fonte da vida que brota delas mesmas. Em cada mulher existe uma fonte que nunca seca, a fonte divina do amor, da sabedoria, da força. Muitas vezes a dor quebra as fachadas externas, mas, em função de sua casa interior, brota a fonte que nunca seca. Por vezes ela é exposta quando aquilo que construímos vem abaixo. Muitas mulheres têm a força de Agar dentro de si: elas superaram as experiências traumatizantes e amadureceram com elas. Elas viveram o abandono e a desvalorização por intermédio de seus maridos e não se despedaçaram com isso. Elas desenvolveram uma força e uma sabedoria que merecem admiração.

Para deixar uma pessoa ir, não prendê-la, mas deixá-la fazer aquilo que quer, é preciso ter muita força interior e muito amor. As mulheres sentem a mágoa, o desespero e a raiva; elas quase não sentem que é o amor que está prestes a ser deixado para trás. Nessas situações, elas precisam de muita confiança, a confiança de que podem viver com suas próprias forças.

A cantora Gila Antara expressou os sentimentos das mulheres que viveram o abandono na canção:

Eu me pergunto por que você teve que me deixar,
simplesmente teve que sair da relação.
Eu chorei e esperei
que você voltasse para mim
e ficasse para sempre comigo.
Mas você não volta mais,
e você não olha para trás.
Abandonada, eu tive que contemplar toda a minha angústia
e a minha dor,

mas ao longo de tudo isso eu aprendi a viver com a força
que há em mim

e eu me torno mais forte a cada dia.

E agora eu sigo em linha reta,

meu coração bate por toda a natureza,

os ventos seguem e os rios correm

e o amor está em meu coração, aonde quer que eu vá.

E eu vejo o sol nascer,

a beleza da neve e do gelo,

a alegria leva as preocupações e a dor derrete com ela,

desde que eu aprendi a viver com a força que há em mim e eu
me torno mais forte a cada dia.

Quanta coragem e valentia, quanta confiança e força estão presentes nas mulheres que, por meio do abandono e do desespero, repetidamente se aventuram pela vida.

Anselm: O arquétipo da mulher abandonada, mas protegida pelo anjo, ajudou você a lidar com suas mágoas? Como você lidou com as experiências de abandono?

Linda: *Certamente eu conheço sentimentos de abandono dos tempos de infância. Quando eu me recordo deles, é como na história de Agar. Havia quase sempre uma pessoa que era como um anjo para mim naquela situação. Mais tarde, também uma música, um livro ou uma oração me acompanharam quando eu procurei consolo. Em cada ser humano existe uma força interior e eu também a experimentei. Por meio dela, as pessoas são capazes de dar cabo à situação.*

Como mulher adulta, eu conheço o sentimento de abandono dos momentos em que meu marido não pode estar presente em fases mais longas, em função de seu trabalho. Sempre foi um desafio viver das minhas próprias forças e isso me fortaleceu. Isso também me mostrou que não se trata de eu mesma me abandonar, mas de sentir o que eu preciso agora para não me sentir abandonada. Na maioria das vezes, ajudava muito ligar ou escrever para alguém, simplesmente entrar em contato com alguém para dizer como eu me sentia. Assim, ao invés de ter sentimentos de abandono, eu sentia a solidariedade. Depois, tudo ficava mais leve.

Sempre foi um sentimento de felicidade para mim quando uma pessoa estava lá, de improviso, em uma situação como essa, mesmo por meio de uma carta ou de uma ligação. A alegria e a gratidão por isso são especialmente profundas.

5

ANA
A mulher sábia

Em muitas fábulas nos deparamos com a velha mulher sábia. No conto *A guardadora de gansos* uma velha senhora, descrita por muitos como uma bruxa, inicia a filha da rainha na vida, ao mesmo tempo em que desafia um jovem conde a se tornar apto a se relacionar. Também no conto *A sereia do lago* é uma velha sábia que dá à mulher do jovem caçador três instrumentos para que ela possa arrancar a sereia do marido. A roda sempre apresenta a velha sábia. Ela mantém o fio da vida em suas mãos e o tece corretamente. Ela tece os fios entre os pais e os filhos, entre o homem e a mulher.

A mulher sábia conhece o tempo certo para começar alguma coisa. Ela conhece os ritmos da natureza e da alma humana. Muitas vezes a velha sábia é chamada também de avó. Em boa parte das fábulas, ela é a avó do diabo. Ela está em contato com o lado sombrio da vida e sabe lidar bem com isso. Em outros contos, a mulher sábia é descrita como a que conhece tudo sobre as plantas e seu poder de cura, que conhece a natureza. Ela conhece a força de cura das ervas, está em contato com a sabedoria da natureza. A mulher sábia ensina a arte da vida. Acima de tudo, ela instrui jovens mulheres no segredo da sexualidade, da fertilidade e do nascimento e tem um bom-senso para o esclarecimento e a ordenação (cf. RIEDEL, 1995: 108). Mas, atualmente, também há velhas mulheres sábias. Elas atraem mulheres mais jovens que buscam sabedoria, clareza sobre seu caminho e libertação para complicações interiores e exteriores. Para mim, Ana é o melhor exemplo bíblico para o arquétipo da mulher sábia. Lucas fala sobre ela em conjunto com o nascimento de Jesus. O Evangelista Lucas descreve Ana como uma profetisa: ela é "uma filha de Fanuel, da tribo de Aser. Ela era já avançada em idade. Quando jovem, havia se casado e vivido sete anos com seu marido; ela era uma viúva de oitenta e quatro anos. Ela estava constantemente no templo, servindo a Deus em jejuns e orações, dia e noite" (Lc 2,36-37).

Os nomes afirmam alguma coisa sobre a essência dessa mulher: Ana significa "dotada de Deus". Ana é especialmente amada por Deus e tem um dom, não apenas o de profecia, mas também o da sabedoria. Ela é a filha de Fanuel, nome que significa "a face de Deus". Ana olhou a face de Deus, ela experimentou Deus. E ela vem da tribo de Aser, nome que significa "sorte". A vida de Ana foi bem-sucedida: sua sabedoria a ajudou encontrar paz interior e ser feliz. E até mesmo os números que descrevem a vida de Ana são repletos de simbologia. Vejamos:

ela foi casada durante sete anos e o número sete representa a transformação; ela viveu o amor que ela transformou. Além disso, ela tem oitenta e quatro anos de idade. Oitenta é o número da eternidade e do infinito, da transcendência que toma a nossa vida. E quatro representa os quatro elementos. Com isso, ela foi uma mulher que, no meio de sua vida, esteve em contato com as coisas do mundo e, ao mesmo tempo, estava aberta para Deus. Com os dois pés cravados no chão ela esteve sempre sensível ao divino. Ana incorpora a velha sábia. Não é à toa que a sabedoria, Sofia, seja descrita, na Grécia, como deusa feminina. E mesmo o Antigo Testamento descreve a sabedoria como uma mulher que estava com Deus desde o início da criação, e desempenhou um papel diante dele.

Erich Neumann, um discípulo de C.G. Jung, descreveu Sofia em sua obra máxima *A grande mãe*: a mulher sábia diferencia-se de um homem sábio, pois sua sabedoria está sempre ligada à base mundana da realidade (NEUMANN, 1996: 305). Sofia é também uma imagem para a mãe que alimenta. De seu seio corre a fonte da sabedoria, "a sabedoria de sentimento, a qual alimenta o espírito" (NEUMANN, 1996: 308). Neumann descreve Sofia "como o poder espiritual amoroso e salvador, seu coração transbordando sabedoria e alimento ao mesmo tempo" (NEUMANN, 1996: 309).

Jacob Grimm, que junto de seu irmão Wilhelm reuniu fábulas alemãs, afirma em seu livro *Mitologia alemã*: "Os homens ganham por meio de seus atos, as mulheres por meio da deificação de sua sabedoria" (cf. RIEDEL, 1995: 142). Certamente, os germanos conferiram sabedoria especial às mulheres. As mulheres tiveram parte na sabedoria das deusas germânicas, como no caso da deusa Hulda, que foi perpetuada nas fábulas como a mãe Hilda[1].

Muitas vezes, a mulher detém um conhecimento que falta ao homem: ela conhece o conjunto da natureza. No decorrer de sua maior proximidade com a terra e com a matéria, e também por meio do ritmo da lua, ela conhece os segredos da natureza. Isso assusta muitos homens, que se entrincheiram atrás do "puramente racional" e recusam todo o conhecimento do mundo instintivo, e das relações secretas na natureza. Na história, tais equívocos levaram à perseguição das bruxas. As mulheres têm um melhor acesso às imagens. Como terapeutas, por exemplo, elas têm um olhar mais claro que os homens, são boas médicas e curandeiras. Na tradição popular, frequentemente as mulheres atuavam como curandeiras, as quais passavam seu conhecimento de geração em geração. As pessoas costumavam se dirigir a videntes que dispunham de conhecimento secreto. "O historiador romano Tácito relatava que a maioria das mulheres germânicas tinha habilidades mânticas e podiam prever o futuro" (RIEDEL, 1995: 142). Erich Neumann esclarece tais habilidades das mulheres por meio de sua maior proximidade com o desconhecido, de onde elas podem extrair sua sabedoria.

Nós não podemos simplesmente repetir as tradições dos germanos antigos, mas seria bom descobrir a sabedoria que há nessas tradições. E, para as mulheres, seria importante respeitar e desenvolver esse conhecimento que lhes é particular, além de

---

1. Em diferentes traduções a obra dos irmãos Grimm, *Frau Holle*, já foi traduzida como "Mãe Hilda", "Senhora Holle" e "Dona Ôla".

descobrir uma autoestima saudável, pois as mulheres têm o conhecimento sobre coisas que os homens não têm e que eles não compreendem. As mulheres não deveriam entrar em concorrência com o conhecimento masculino, que está relacionado, muitas vezes, com amplitude. Os homens conhecem muitas coisas e sabem conversar sobre o que conhecem. A sabedoria da mulher está relacionada à profundidade. Sobre essa sabedoria não se deve apenas conversar... Ela é sentida e as mulheres deveriam, então, confiar em sua sabedoria particular.

Nos dias de hoje também existem velhas sábias como Ana. Elas não julgam quando alguém lhes conta sobre a vida. Elas compreendem tudo, veem a fundo, não falam muito. Mas quando falam elas acertam na mosca, porque percebem exatamente o que o outro precisa. Elas não se impõem; entretanto, quando alguém precisa de algo, colocam-se à disposição. Ingrid Riedel explica isso ao relatar que o arquétipo da mulher sábia está presente nas maiores necessidades da humanidade. Disso conclui-se que as pessoas estão abertas à sabedoria de uma mulher em seu próprio ambiente. Ela aparece por acaso, ou, então, como na fábula *A sereia do lago*, em que se sonha com uma mulher sábia que indica o caminho para a salvação.

Mulheres sábias têm uma intuição delicada sobre a sabedoria da natureza. Elas vivem para a natureza e têm uma ligação íntima com a mãe maior da criação, pois, na criação, encontramos o Deus maternal, e as mulheres sábias são muito próximas dele. Essas mulheres desenvolvem rituais em que celebram sua feminilidade, elas sempre têm um pressentimento sobre o poder de cura da natureza. Elas conhecem as ervas que curam; são capazes de indicar a outras mulheres o que pode fazer bem a elas e como elas podem curar suas feridas. A mulher tem uma sabedoria diferente da do homem. Não é o conhecimento adquirido ao longo de lutas e viagens, mas um conhecimento advindo de uma profunda ligação com tudo. A mulher sábia tem parte da sabedoria da criação, ela conhece as leis internas da natureza. Ela conhece o nascimento e a morte, o gênesis e o desvanecer; ela conhece os segredos da vida humana a partir de sua própria experiência.

A mulher sábia inicia na vida e no amor. Ela sabe aconselhar, mas também reivindicar. Ela dá o impulso que aquele que busca conselhos deve concretizar. Conhece os ritmos da natureza e da vida, inclusive em seu lado sombrio e destrutivo. Na tradição cristã, mulheres sábias como a Mãe Hilda e a Senhora Prechta foram frequentemente apresentadas de maneira odiosa e descritas como bruxas. Deusas germânicas como Hulda ou Hel (daí vem a palavra "inferno", em alemão) podem trazer bênção e maldição, vida ou morte. O recalcamento das deusas germânicas levou a história a desvalorizar a sabedoria da mulher. Os atributos positivos da mulher sábia foram projetados em Maria, que é a mãe da sabedoria. Ela tomou para si a ânsia dos homens pela mulher sábia.

As mulheres sábias receberam sempre atenção especial em outras culturas. Em função de sua experiência de vida e sua sabedoria, elas sempre atuaram como conselheiras. Nos dias de hoje, a juventude é altamente considerada, o que levou à desvalorização da mulher sábia. No entanto, muitas mulheres anseiam, novamente, encontrar uma mulher sábia. Elas percebem que têm se perdido no dia a dia e não se sustentam mais em sua força feminina. Com isso, desejam ter por perto de si uma mu-

lher que transmita suas experiências de vida e irradie paciência e suavidade; uma mulher que olhe para elas de maneira amável e sábia, com confiança nela para tudo aquilo que move a vida de uma mulher.

Uma mulher sábia tem visão ampla e vê as coisas também de cima. Ela não julga e se deixa comover. Ela guia a mulher para os acontecimentos interiores, de tal forma que a mulher possa encontrar seu centro e dar um novo sentido à situação.

Não se trata apenas de que as mulheres encontrem essas sábias, elas devem também permitir em si mesmas o arquétipo da mulher sábia. Toda mulher carrega dentro de si a mulher sábia, mas muitas vezes ela é reprimida, prorrogando assim uma vida miserável sob um cobertor de autodepreciação. O encontro com o arquétipo da sábia coloca a mulher em contato com sua própria sabedoria, com o conhecimento secreto que está escondido nela.

Na mulher sábia não unimos apenas o conhecimento, mas também experiência de vida, dignidade, carinho e grandeza de espírito. Ao encontrarmos mulheres sábias, percebemos que essas mulheres descansam em si mesmas. Elas conheceram a vida em todas as suas formas; elas adquiriram conhecimentos que as levaram à sabedoria tanto de suas experiências positivas quanto das negativas. Mulheres sábias, mais velhas, emanam também gratidão sobre aquilo que viveram. Elas estão abertas para aquilo que encontram e não exigem mais nada, mas se alegram com o que têm. Tais mulheres não impõem sua sabedoria, mas estão lá quando alguém precisa delas.

Certamente, Ana foi uma dessas mulheres sábias. Quando ela tomou o menino Jesus em seus braços "orou a Deus e falou sobre ele a todos que esperavam a redenção de Jerusalém" (Lc 2,38). Ela sentiu o segredo daquela criança. Com seus olhos sábios ela reconheceu que aquele menino preencheria os anseios dos que esperavam por redenção. Por intermédio dessa criança virá algo a este mundo que a libertará, que vai retirá-la das algemas que colocaram sobre ela. Ana orou a Deus por essa criança. Ela viu reluzir na criança a sabedoria do Senhor. Frequentemente, as mulheres sábias têm um olhar especial para o essencial em uma pessoa. Elas são capazes de ver, já na criança, aquilo que ela incorporará. Delas emana a paz. Ao invés de julgar, encontram em cada um o apreço, contribuem para a salvação, e ajudam para que os nós e a rigidez se desfaçam e que a escuridão se ilumine.

É possível encontrar mulheres sábias também entre as jovens. Muitas vezes elas encontraram clareza e sabedoria nas experiências da infância. Toda mulher tem a faceta da mulher sábia dentro de si. Mas quando as mulheres se orientam muito unilateralmente na perfeição e na competição, quando não confiam mais no seu instinto e não se orientam por ele, elas perdem a ligação com a mulher sábia. A mulher sábia em nós orienta-nos novamente em direção às nossas raízes femininas. Ela nos auxilia a lidar com nossa feminilidade de forma afetuosa, o que significa, entre outras coisas, ouvir a sabedoria de nosso corpo: O que meu corpo me diz por meio dessa enfermidade? O que devo observar com maior cuidado? Essa sabedoria nos leva de volta àquilo para o qual não atentamos o suficiente.

Anselm: Onde você encontra velhas sábias hoje? Como se sente com o arquétipo da mulher sábia em você? O que você diz às mulheres que não confiam em sua própria sabedoria?

Linda: *Foi surpreendente para mim o número de mulheres sábias que encontrei em Allgäu. Este fato pode estar relacionado à profunda ligação com a natureza, e também com as tradições e a sabedoria profundas que são passadas de geração a geração. A supersaturação no decorrer de influências externas não acontece lá, o que leva as pessoas a focarem mais em si mesmas.*

Procuro ouvir a mulher sábia dentro de mim quando tenho de tomar decisões importantes. Então, eu procuro o silêncio e sei que encontrarei em mim aquilo que necessito. As decisões que vêm da minha ligação com a mulher sábia são, em sua maioria, pouco convencionais. Externá-las não é para mim o mais importante, mas a maneira como eu expressarei aquilo que me pertence a partir daquele momento. A mulher sábia em mim também diz que eu devo ouvir as mensagens do meu corpo, porque nele repousa uma sabedoria profunda.

Mulheres que não confiam em sua sabedoria são frequentemente inseguras quando se trata delas mesmas, o que as leva a se guiar mais pelos outros do que por si mesmas. Mas, em relatos, sua sabedoria mais íntima sempre aparece, seja por meio de um questionamento ou de um desejo que elas expressam. Suas almas sabem exatamente do que elas precisam. Eu procuro apenas fortalecê-las em sua confiança na força dessa sabedoria.

6

JUDITE
A lutadora

Muitas mulheres têm a impressão de que precisam lutar o tempo todo e, com frequência, elas se cansam de suas batalhas e não veem uma imagem de apoio no arquétipo da lutadora. Mas, na verdade, essa imagem poderia colocar muitas mulheres em contato com a força que já está pronta nelas. O objetivo de uma luta sempre é a vida.

No livro *Homens da Bíblia – Lutar e amar para encontrar a si mesmo* eu descrevi o arquétipo do lutador em sua ambivalência. Da mesma maneira, a lutadora também tem seus pontos fortes e fracos, e essa imagem significa, para a mulher, tanto um desafio quanto um risco. A lutadora é aquela que integra em si o *anima*, o lado feminino da alma, e o *animus*, o lado masculino da alma. Nela, *anima* e *animus* não brigam entre si, mas atuam juntos para que a energia lutadora aflua e possa servir à vida.

Entre as feministas há muitas lutadoras, mas, muitas vezes, elas lutam contra os homens; ou então lutam contra facetas de si mesmas que não querem admitir. No entanto, a lutadora somente lutará pela vida quando estiver em sintonia consigo mesma. Senão, ela luta contra si mesma e necessita de toda a sua energia em uma luta improdutiva de autoflagelação. A integração do *animus* é uma condição fundamental para que a mulher concretize o arquétipo da lutadora de forma proveitosa.

No Antigo Testamento, Judite preenche o arquétipo da lutadora. O nome Judite significa, na verdade, a judia. Ela é a típica representante do povo de Israel, uma mulher que incorpora em si o espírito da tribo de Judá. E ela é a mulher que responde pelo povo. Quando a cidade judia Betúlia, de Nabucodonosor, é pressionada e todo o povo já está pronto para se entregar ao rei inimigo Holofernes, Judite entra em cena. Ela foi casada com Manassés, que morreu acometido de uma insolação durante uma colheita de cevada, três anos antes. Assim, ela vivia como viúva, jejuou e usou vestimentas específicas. "Ela tinha uma bela figura e uma aparência bonita" (Jt 8,7). Ela tinha herdado uma fortuna de seu marido: "Ninguém conseguia dizer nada ruim a ela, porque ela era muito temente a Deus" (Jt 8,8). Ela era uma mulher bonita por dentro e por fora. Sua riqueza exterior é um exemplo do tesouro que ela carregava dentro de si. E ela era temente a Deus e vivia de Deus como seu fundamento mais profundo.

Essa mulher que descansa em si e em Deus se opõe ao plano dos anciãos de entregar a cidade em cinco dias. Ela os confronta e os responsabiliza fortemente: "Não foi justo o que vocês disseram hoje ao povo" (Jt 8,11). Os anciãos reconhecem sua sabedoria e pedem a ela que ore a Deus para que Ele traga chuva. Assim, não seria preciso se entregar aos inimigos. Então, Judite responde a eles que o Senhor iria realizar um ato por intermédio dela "que será contado ainda em um tempo distante das crianças do nosso povo" (Jt 8,32). Nessas palavras reconhece-se uma grande autoconfiança. Assim, ela tira sua veste penitencial, banha-se, unge-se e se produz "para que os olhos de todos os homens que a virem voltem-se para ela" (Jt 10,4). Ela destaca seu charme conscientemente para ter poder sobre os homens. Mas ela não o faz pelo desejo de ter poder, mas a serviço de Deus. Ela se atreve em território inimigo e fascina o Rei Holofernes, que diz à sua comitiva: "Não há em nenhuma outra parte da Terra uma mulher tão encantadora e que possa conversar tão bem" (Jt 11,21). Holofernes não quer perder a oportunidade de dormir com Judite, que come e bebe com ele. Mas ele se perde em sua cobiça pela linda mulher e acaba dormindo. Então, Judite bate em sua cabeça com a espada de Holofernes e o esconde em um saco. Junto com sua criada, ela deixa as terras inimigas, volta para Betúlia e mostra a cabeça de Holofernes para seus anciãos: "O Senhor o acertou por meio das mãos de uma mulher" (Jt 13,15). De manhã, os homens da cidade vão contra o seu senhor inimigo. Os vigias tentam acordar Holofernes e descobrem-no deitado no chão, morto. Aos seus gritos, todo o reino se desespera e foge. No entanto, os israelistas se lançam sobre os assírios fugitivos e os aniquilam.

Os anciãos vêm até Judite e a louvam: "Você é a fama de Jerusalém, você é a grande alegria de Israel e o orgulho de nosso povo" (Jt 15,9). As mulheres de Israel vêm até Judite, elas a louvam e propõem uma festa, comandada pela própria Judite. As mulheres dançam juntas e expressam sua alegria sobre o fato de que os inimigos foram eliminados por intermédio das mãos de uma mulher. A própria Judite canta uma canção: "Seu herói não caiu por meio da força de um jovem homem, tampouco grandes guerreiros se opuseram a ele. Não. Judite, filha de Meraris, baniu seu poder com o encanto de sua beleza" (Jt 16,6).

Muitos poetas fascinaram-se com a figura de Judite. Eles a compreenderam em sua forma. Georg Kaiser e Jean Giraudoux veem Judite como a mulher que renega as convenções, opressões e expectativas de seu tempo (MOTTÉ, 2003: 167). Para a maioria dos escritores, o que mais importa é o encontro entre Judite e Holofernes. Diferentemente do texto bíblico, eles descrevem Judite como uma mulher que ardia de paixão por Holofernes e que o matou ou por vingança ou porque ela se proibiu a esse amor. Bertolt Brecht, Max Frisch e Rolf Hochhuth atualizaram a figura de Judite. Ela coloca sua vida em jogo para salvar uma cidade (Bertolt Brecht), um homem (Max Frisch) ou todo um povo (Rolf Hochhuth). Para todos eles, Judite é a mulher corajosa que emprega toda a sua existência para lutar pela vida.

Judite incorpora a mulher forte e lutadora. A lutadora é uma imagem importante para as mulheres – mas com certeza é também uma imagem com a qual muitas têm dificuldade. A luta delas é cansativa e não leva a nada. Mas, na verdade, lutar significa proteger-se. Judite protegeu a si mesma e a todos dos inimigos. Ela refletiu sobre aquilo que a torna vulnerável. É lá que cada um deve se proteger, onde se é vulnerável. E proteger significa guardar o interior. Assim, proteger-se significa também delimitar-se, mostrar os limites ao que se opõe para que ele não os ultrapasse. Mas lutar tem ainda um terceiro significado: opor-se ao outro, tomar algo nas mãos, manejar, atacar. Quando eu me protejo, tenho também forças para me opor aos demais. Mas isso não significa que eu deva lutar contra todos, mas que devo me colocar como prioridade.

A lutadora em nós é a protetora da vida vulnerável. Ela precisa da agressão para proteger sua vulnerabilidade. Ela conhece seu lado sentimental, ela sabe o que faz mal a ela e aprendeu como lidar com isso com cuidado.

Para respeitar a lutadora em nós é preciso respeitar nosso lado vulnerável. Nós nos sentimos feridas quando não somos consideradas como pessoas, quando alguém nos desvaloriza ou expõe características específicas ao ridículo. A lutadora não luta então contra alguém, mas por si, por sua dignidade como mulher e para proteger seu filho.

Nossa vulnerabilidade tem sempre relação com a menina existente em nós. O que essa menina viveu no passado como algo ruim, a mulher adulta irá senti-lo como sua vulnerabilidade. Quando criança, talvez ela só tenha podido se proteger ao colocar uma carapuça. Como mulher adulta, ela desenvolveu sua estratégia de defesa para não dar nenhuma possibilidade aos outros de encontrá-la. Talvez ela ataque as outras pessoas permanentemente ou não sinta mais o que faz mal a ela. Mas a lutadora precisa saber quais são seus lados sentimentais. É exatamente essa sensibilidade com a qual ela pode lutar. Ela dispõe de um bom sentido para compreender quando outras pessoas querem enfraquecê-la por meio de desvalorização, acusações e sentimentos de culpa.

A lutadora que vive em nós não se deixa impor pelas regras do jogo de outras pessoas, ela luta por suas próprias regras. Ela apresenta um não decisivo aos outros: "Pare! Nesse plano, eu não quero falar com você. Mas eu ouvirei atentamente se você disser o que realmente quer!" Ela aproveita sua agressão e a apresenta como um sinal de demarcação de limites e de proteção de si mesma. Ela não se retrai diante de um debate verbal: ao contrário, ela se dirige aos demais e se coloca diante de sua sensibilidade. Assim, ela pode dizer com toda a clareza: "Eu não quero que você me trate dessa maneira" ou "Eu não me deixo desvalorizar". Proteger-se atribui a cada mulher força e robustez.

Frequentemente a lutadora é oprimida por mulheres que preferem harmonia e paz. Em sua agressão, elas têm medo de parecer destrutivas ou, ainda, de perder o amor das outras pessoas. Mas um não a outra pessoa pode, ao mesmo tempo, significar um sim para si mesmo. Esse sim reflete o que eu desejo respeitar e proteger em mim, e eu exijo também dos outros com isso.

A princípio, eu reagi com estranheza à história de Judite, ao saber que ela bate na cabeça de Holofernes, e me perguntei o que essa história pode significar para nós, mulheres. Não é exatamente na cabeça que se encontra o pensamento hostil? Na cabeça está o centro do poder. Sem a conexão com o coração e com a barriga, os indivíduos se tornam duros e reconhecem sua compaixão como fraqueza. Como eles mesmos não são capazes de se entenderem e perceberem, são incapazes de vislumbrar como as outras pessoas se sentem. Isso os coloca em risco de recuperar seu direito à vida somente à custa dos outros: eles precisam enfraquecer os outros para se sentirem fortalecidos.

Muitas mulheres vivem esse enfraquecimento quando se mantêm caladas ao ouvirem observações ofensivas. Elas sentem a hostilidade que emana dessas pessoas. Nestes casos, não se trata de uma agressão aberta, que torna possível lutar. Elas são enfraquecidas por ataques traiçoeiros à sua aparência ou ao seu modo de vida, de modo que se sentem incapazes e tolerem tudo isso passivamente. A partir do respeito a si mesma, a lutadora que vive na mulher tem a possibilidade de se opor diante dessas circunstâncias. Ela pode perguntar: "Por que você precisa me perguntar isso? Onde está o verdadeiro problema?" Este comportamento claro estabelece contato. Quando a mulher não aceita a fraqueza, mas levanta o problema por entre o nível do relacionamento, ela conduz a conversa e é capaz de contribuir para uma solução. Ela é capaz de gerar força a partir de um pensamento hostil, o que pode levar a um diálogo. Em determinadas circunstâncias, isso também pode levá-la a evitar essas pessoas. Com isso, ela acaba se protegendo, ao reconhecer que não deve solucionar os problemas emocionais dos outros.

Hoje em dia muitas mulheres se sentem lutadoras em seu meio pessoal e profissional. Elas lutam por reconhecimento, por poder e sucesso, por um mundo mais justo e por condições mais saudáveis de vida. Elas querem desenvolver suas capacidades e organizar sua vida pública. Essas possibilidades não puderam ser vividas pelas mulheres durante um longo período e hoje elas conquistaram isso. Mas quando esse lado lutador da mulher predomina, ela corre o risco de se engajar para um trabalho ou tarefa que faz com que outras facetas de sua feminilidade não sejam vividas. Seu lado emocional e sensual aparece pouco, desequilibrando-a. A lutadora é uma faceta importante da mulher, mas ela não deve se identificar com essa imagem e ser absorvida por ela, senão a lutadora luta em todas as frentes e a mulher perde, com isso, o contato com as outras facetas de sua feminilidade.

Durante um seminário conjunto de final de semana, as mulheres descreveram da seguinte maneira suas impressões sobre a imagem da lutadora:

• *"Vivi de forma tão intensa, isso me custou muita força, não quero mais isso para mim."*

• *"Fui [lutadora] toda a minha vida."*

• *"Em longo prazo é muito cansativo para mim."*

• *"Eu almejava me tornar lutadora com moderação, sem trocar o uso da força pela autoridade."*

• *"Lutar é importante, quando sinto a necessidade em mim. Em longo prazo, lutar é cansativo. A contrapartida da luta é, para mim, a paciência, sem desistência."*

• *"Muitas lutas da minha vida também estiveram ligadas à luta pela sobrevivência. Por vezes me sinto cansada."*

• *"Em longo prazo, vale a pena empregar a verdade e lutar, mas antes uma longa respiração."*

• *"Para mim é difícil lutar, custa muita força."*

A pergunta é como essas mulheres entenderam sua luta. Supostamente elas lutaram constantemente contra outras pessoas: contra o homem que não as levou a sério; contra as dificuldades que afluíram. Muitas tiveram a impressão de perderem o chão em suas lutas. Elas lutaram por todos os lados. Tal luta demanda forças, mas uma verdadeira luta pode ser também uma fonte de força. Quando eu desejo lutar, junto com a luta cresce também minha força. Mas como deve ser essa luta?

A primeira condição é estar em uma boa posição. Somente é possível lutar quando estou ciente de mim mesma, quando encontrei meu ponto de vista. A segunda condição é não estar ou lutar contra alguém, mas com alguém. Quando luto com outra pessoa, minha força cresce. Eu sinto que tenho valor e não me deixo definir pelos outros; eu aceito o desafio da luta.

Com Judite, as mulheres podem aprender como lutar de forma positiva, sem perder com isso as suas forças. Judite não luta com sua força, mas com sua beleza. Ela sabe que sua beleza lhe foi dada por Deus e usa esse dom no combate. Ela não precisa medir forças com o homem ou alertá-lo de que ela é mais forte: dessa maneira, ela seria provavelmente vencida. Ela luta com suas próprias possibilidades e luta porque reconhece sua grandeza. Ela tem uma opinião clara, sabe quem é. Judite não permite que as condições da luta sejam dadas por Holofernes, ela define onde eles irão dormir e o que ela quer comer. E ela espera chegar o tempo certo em que ela poderá aproveitar a oportunidade. Quando eu, ao contrário, tenho a impressão de que devo lutar constantemente, as condições da luta estão certamente pouco claras. Eu luto por todos os lados, o que é de fato muito cansativo.

À minha pergunta "Contra o que você luta?", as participantes do meu seminário respondem frequentemente: "Eu luto para que minhas necessidades sejam reconhecidas. Eu luto por reconhecimento pelo meu trabalho com minha família, por reconhecimento no meu trabalho". Essa luta cansa porque as mulheres esperam receber reconhecimento por intermédio dos outros. Elas se queixam, resignam-se ou acusam outras pessoas. Mas essas pessoas não conseguem entender o que elas realmente desejam. Sua luta está encoberta. Elas não vivem de si mesmas, mas daquilo que os outros as privam de fazer ou atribuem a elas.

A mulher perde forças quando se queixa e nenhuma mudança acontece. Mas ela precisa exatamente da força de sua agressão, com a qual ela se direciona às outras pessoas e diz o que é importante para ela. Quando ela luta por suas necessidades e apresenta claramente o que ela precisa para se sentir bem, ela respeita a si mesma. Ela se respeita com aquilo que está vivo nela. Dessa maneira, ela tem força e tal força dá a ela condições de lutar por aquilo que deseja alcançar.

Quando eu me respeito, fluem de mim forças que até então eu não conhecia. Assim eu posso lutar com minha contraparte e encontrar uma solução com a qual todos podem viver.

Ser vítima é um aspecto negativo da lutadora. Ela não vive sua agressão abertamente, mas por meio do papel da vítima que não se defende, sofre e faz os outros responsáveis por isso. No papel de vítima, as mulheres também correm o risco de serem exploradas pelos outros ou de direcionarem sua agressão contra si mesmas.

Assim, as mulheres que têm a impressão de que suas vidas são uma batalha e estão cansadas disso devem aprender a lutar corretamente. Judite mostra a elas um caminho de como podem lutar, não apenas para si mesmas, mas também para todo o povo, sem se cansarem.

O risco da lutadora é que ela luta contra tudo. Na mitologia, esse lado sombrio da lutadora é representado na figura da amazona. As amazonas são descritas pelas epopeias gregas, como um povo de lutadoras. Elas são famosas por sua coragem e desafiam os heróis gregos à luta. Diante de Troia, Pentesileia luta contra Aquiles e é ferida mortalmente por ele. Mas Aquiles se apaixona pela amazona morta. Hoje em dia, as mulheres são descritas como amazonas que se identificaram unicamente com o arquétipo da lutadora. Elas são duras e isolaram seus sentimentos. Na maioria das vezes, um sofrimento profundo é a razão para que uma mulher coloque a armadura e dispare setas continuamente contra si mesma. Ela precisa se proteger para que não seja ferida tão profundamente. Quando a mulher se identifica com esse arquétipo, ela se separa de suas facetas femininas e se torna unilateral. Ela se prejudica e é vivida negativamente por seu entorno.

Uma vez um homem me contou que ele foi gerente de uma loja em uma instituição da Igreja, e sempre se deu bem com seus empregados e empregadas. Ele sempre teve uma boa relação com as mulheres. Todavia, uma colega fez de sua vida um verdadeiro inferno. Todas as suas tentativas de resolver os conflitos entre eles deram errado. Ele não conseguia mais dormir. A incapacidade de ter uma boa conversa com essa mulher o ocupou completamente; ele começou a duvidar de si mesmo. Mas, aparentemente, ele havia se deparado com uma amazona. Ela era divorciada e, desde então, projetava o sofrimento que seu marido a fez passar em todos os homens, e acabou desenvolvendo verdadeiro ódio a todos eles.

É difícil trabalhar junto com uma amazona como essa. É preciso um espaço de total confiança para que uma mulher desfaça a armadura e diga sim para si mesma e para seu sofrimento. Uma amazona não integrou seu *animus*, ela foi dominada por ele. Isso a leva a se identificar completamente com a figura da lutadora e a esquecer de suas facetas femininas. Ela precisa se fortalecer de medo; do contrário, ela poderia ser impedida de ser uma lutadora por suas características femininas.

Acima de tudo, eu reconheço em nós a mulher que não sabe como proteger seu lado vulnerável. Essa imagem todas nós reconhecemos. Então, batemos em retirada ou criamos espinhos, dos quais as outras pessoas vão desviar. No primeiro caso, perdemos nossa força; no segundo, nós a desperdiçamos por uma luta sem objetivos. Lutar significa também encontrar uma solução, senão a luta não tem sentido algum. Ela pode nos tornar sós, porque as outras pessoas não querem participar de uma luta sem propósito.

Em nossas histórias de vida, muitas facetas permanecem muito sentimentais. É preciso esforço e coragem para admitir nossa vulnerabilidade, mas quando respeitamos nossa sensibilidade como parte do nosso ser, somos capazes de nos protegermos. E nós nos protegemos quando nos opomos aos outros claramente e os detemos, quando não percebem o que é importante para nós.

O arquétipo da lutadora pode libertar uma mulher dessas deformidades das lutas. Ela filtra a força da mulher e permite que caminhe na direção de se tornar uma bênção para as pessoas.

Anselm: Onde você vivenciou a lutadora em si mesma e onde ela te levou à superação?

Linda: *Quando mais jovem, eu tinha frequentemente a sensação de que deveria desenvolver mais fortemente a lutadora em mim. Quando eu estabeleci melhores condições de vida para as famílias, eu me senti uma lutadora mais forte. Mas quando outras pessoas me atacaram e me subestimaram, muitas vezes eu me senti indefesa. Claro que isso sempre me irritou, mas em uma situação como essa não me vinha à mente a maneira correta de poder responder a isso. Nesse ponto da minha vida, eu me deixava levar pelas regras do jogo de outras pessoas. Mas isso também me levou a conceder mais força à lutadora em mim.*

Encontrei meu espaço ao observar onde estou vulnerável e o que é valioso para mim. A partir disso, eu posso me proteger e confrontar as pessoas, quando elas não me respeitam. Este é um caminho de prática constante, que a lutadora em mim mantém vivo.

7

LÍDIA

A sacerdotisa

Em quase todas as religiões e culturas antigas as mulheres eram sacerdotisas. Na Grécia, as mulheres desempenhavam papel particularmente importante no culto a Ártemis e a Dioniso. Em Roma, havia as virgens vestais, guardiãs do fogo sagrado. No tempo dos romanos, as mulheres estavam presentes ativamente, e, de maneira especial, nos cultos misteriosos. "A mulher era sacerdotisa em todos os campos em que realizava rituais de ordenação, de nascimento, de morte, de cura e transformação" (RIEDEL, 1995: 149).

Para os germânicos, havia sacerdotisas responsáveis pela fertilidade da natureza e sacerdotisas clarividentes. Na história da religião, a sacerdotisa é entendida como uma imagem arquetípica detentora de características que poderiam, inclusive hoje, estar essencialmente ativas em cada mulher, como a capacidade de transformação e a proteção do fogo sagrado.

O Novo Testamento não nos nomeia sacerdotisas no sentido de uma ordenação ou de um culto. Já houve muitas mulheres na Igreja, às quais Jesus seguiu, tal como os homens, e que tiveram um papel importante principalmente nas primeiras comunidades. Nos Atos dos Apóstolos, Lucas conta a história de Lídia, a vendedora de púrpura. Ela vinha da cidade de Tiatira, conhecida pela produção de púrpura. Sem dúvida, Lídia era uma mulher abastada: tinha construído o próprio negócio e enviado sua valiosa mercadoria para a Europa. Dessa maneira, construiu para si riqueza conhecida; e, com seu dom, ajudou Paulo também em Corinto.

Além disso, Lídia era uma mulher temente a Deus. "O Senhor abre seu coração, de modo que ela escuta com atenção as palavras de Paulo" (At 16,14). Ela é batizada e convida Paulo e seus companheiros a ficarem em sua casa. Assim, sua casa se transformou em uma igreja, um ponto de apoio à missão de Paulo. Quando Paulo e Silas foram libertados da prisão, eles foram mais uma vez até Lídia. "Ali encontraram os irmãos, confortaram-nos e seguiram" (At 16,40). Com certeza, os membros da comunidade se reuniam com frequência na casa dessa rica mulher e ela foi como uma chefe para sua comunidade.

Não sabemos muito sobre Lídia. Ela é uma das muitas mulheres que desempenharam um papel significativo na Igreja primitiva, como a Ministra Febe em Corinto, ou como Prisca, Maria, Júnia, Trifosa e Júlia em Roma, além de Evódia e Síntique, em Filipos. Essas mulheres ofereceram suas casas para que as comunidades, às quais faziam parte, pudessem se reunir ali. Elas iam à missa assim como os homens, profetizavam, rezavam e conduziam a ceia do Senhor. Ajudavam os mais necessitados e cuidavam dos missionários (cf. WEISER, 1989: 130). Por fim, as mulheres tinham as mesmas funções que os apóstolos na condução da comunidade, e tinham os mesmos direitos que os discípulos. No entanto, as mulheres foram desde cedo levadas a recuar. Apenas em ambientes gnósticos elas tinham os mesmos direitos na prática de uma função. Ali elas podiam batizar, ali eram profetizas. Em alguns lugares, elas exerceram até mesmo a função de bispas (cf. "Tipo". In: THAEDE, s.d., p. 238).

Hoje, a sacerdotisa em uma mulher não está mais ligada a uma função ou prática. É uma qualidade interna da mulher que encontra expressão em muitas formas. Se nós definimos nosso lado sacerdotal apenas por intermédio daquilo que ele expressa em um cargo que é masculinamente marcado, então não somos livres internamente. Nós tornamos esse lado feminino dependente da opinião e concessão dos demais. Aceitamos essa limitação internamente e entregamos aos outros a responsabilidade por nosso lado espiritual. Somente se nos desprendermos internamente dessas estruturas delimitantes é que poderemos mudar algo externamente. Uma mulher pode, a qualquer momento, viver e passar adiante seu lado sacerdotal. Uma mulher maternal não precisa se tornar necessariamente mãe, e uma rainha não precisa de um posto para agir como tal e expressar essas forças femininas.

Para nós, a imagem da sacerdotisa como guardiã do fogo sagrado é uma bela imagem para a natureza feminina. A sacerdotisa guarda o fogo sagrado neste mundo. O fogo representa o amor e o calor. Nesse mundo frio e sem amor, a sacerdotisa guarda o fogo do amor divino. Com isso, ela oferta ao mundo um serviço importante, o fogo sagrado. O sagrado é aquilo que é extraído do mundo. Sobre ele, o mundo não tem nenhum poder. A mulher sacerdotisa tem um sentido para o sagrado. Ela sente o sagrado em si e está em contato com o espaço sobre o qual o mundo não tem poder e ao qual as opiniões e condenações dos homens não têm acesso.

A sacerdotisa incorpora o aspecto espiritual da nossa feminilidade, conectando o céu e a terra. Ela procura ligar o humano ao divino. Em suas experiências cotidianas, ela busca o sentido mais profundo da vida. Um gesto que expressa fisicamente a sacerdotisa pode ser assim apresentado: a sacerdotisa fica com as duas pernas como se cravadas ao chão e se ergue para cima, para o divino. Em tudo o que viveu na decepção e na dor, na alegria e na satisfação, ela busca o que pode levá-la a algo maior. Quando mulheres em situações difíceis se veem ao final de suas forças e possibilidades, elas se abrem para uma força superior; elas percebem que não podem resolver tudo sozinhas. Reconhecer suas limitações faz com que esperem em uma força superior. Se já viveram temores, por meio desse "erguer-se", elas sentem mais confiança.

Muitas mulheres que não se sentem de maneira nenhuma como parte da Igreja, sentem-se tocadas por meio da imagem da sacerdotisa. Elas carregam um sentido, em si mesmas, que as aproxima dessa imagem.

Com frequência, mulheres também viveram experiências dolorosas nas quais precisavam da imagem da sacerdotisa para ir até o fim. E sentiram na sacerdotisa uma força que as fez se reerguerem a partir daquilo que haviam vivido. Uma mulher contou que ela, até então, não conseguia identificar o que a tinha auxiliado enquanto criança. Mas, quando se pôs em contato com a imagem da sacerdotisa, ela soube que essa força estava nela e sempre a tinha auxiliado.

A sacerdotisa é guia e conselheira espiritual. É uma força interior por intermédio da qual a mulher vive, e que quer oferecer a outras pessoas. Ela quer consolar e confortar, além de irradiar caridade e misericórdia. Ela aprendeu a ver na expressão dos homens mais do que seu primeiro plano. Ela possui um sentimento para sua necessidade interior. A sacerdotisa procura encontrar o divino também no próximo que passa por dificuldade. Ela não se apega apenas àquilo que vê, ela sente também algo maior dentro dele, a cura.

O lado sacerdotal de uma mulher também se mostra quando ela acredita que, por meio de sua própria dor, de suas decepções e dúvidas, pode encontrar forças para se reerguer.

É também este lado sacerdotal que uma mulher sente quando chega o momento em que ela se volta para seu interior, que é sagrado para ela. A sacerdotisa deseja sempre viver de uma fonte mais profunda.

Quando uma mulher não deixa seu lado sacerdotal tomar corpo, ela se realiza naquilo que é exterior a ela. Com isso, o sentido de sua vida acaba se direcionando a fatores como onde ela passará suas próximas férias, quais roupas ela precisa ou em qual restaurante ela encontrará a melhor comida. O lado negativo da sacerdotisa também se mostra quando ela perde o contato com a realidade e apenas caminha para a luz, quando se faz de santa e não vê a própria sombra.

A sacerdotisa descobre o sentido de Deus na vida do homem e interpreta esse sentido. As mulheres possuem uma habilidade especial de perceber o sentido divino nos homens e de interpretá-lo. Elas veem em cada homem a semente divina.

No passado, as sacerdotisas tinham também o papel de terapeutas. Os rituais de cura estavam em suas mãos. E em muitos rituais de banho elas desempenhavam um papel importante. Todas as mulheres têm, por sua natureza, uma intuição especial para as feridas dos homens; elas conhecem rituais de cura, pelos quais as feridas deles podem ser curadas. A sacerdotisa interior detém o conhecimento de que em cada doente há uma semente que cura e esta é completa. A razão mais profunda da existência de cada ser é o divino. Se eu descubro o divino até mesmo na minha enfermidade, então a enfermidade perde sua força destrutiva e se transforma para mim no caminho para a semente divina. Os caminhos da cura, aos quais a sacerdotisa recorre, sempre correspondem à dimensão espiritual. Eles levam os homens à sua semente divina.

Ademais, a sacerdotisa era, antigamente, também sacerdotisa da fertilidade e vidente (cf. NEUMANN, 1996: 273). Uma mulher reconhece a grande importância da fertilidade. Mas não se trata aqui apenas da fertilidade biológica, mas também da fertilidade da alma, que pertence à pessoa que dá frutos. Erik Erikson fala da "generatividade das pessoas". Cada um deve poder olhar para trás, para ver algo que foi projetado. A sacerdotisa promove a fertilidade. Teilhard de Chardin vivenciou esse lado da mulher nas três amizades que ele manteve ao longo de sua vida. Para ele, a mulher era a inspiração de sua obra.

De fato, a mulher é a inspiração de muitos homens, a sua musa inspiradora. Ela promove a criatividade no homem, ela gera vida nele.

Em um curso que ofereci as participantes refletiram sobre a imagem da sacerdotisa e descobriram-na em muitos campos de suas vidas. Sobre ela as mulheres escreveram:

• *"A sacerdotisa é a mediadora entre Deus e os homens... Traz os homens para mais perto de Deus... eu desejo ter essa função."*

• *"Traz para perto a crença; a crença em ser parte da vida de nossa família."*

• *"A sacerdotisa pode ajudar a encontrar a si mesma e a Deus para, com isso, ser capaz de controlar sua vida melhor. A sacerdotisa cura, ela encontrou a paz e a partir dessa liberdade pode dizer: 'eu quero isso'."*

• *"Ela está em mim, mas ainda não externalizada."*

• *"Crença profunda na vida."*

• *"Um espaço grande, livre e vazio – posso ser assim?"*

• *"Nós somos os primeiros sacerdotes na vida de nossos filhos; o arauto da crença."*

• *"Ser um recipiente cheio de amor e paz, conectar céu e terra, e deixar afluir de mim amor e paz no mundo. Escolher, para isso, a dança sacra como meio ou caminho."*

- *"Cada um de nós é ungido no batismo. Ungido como assim o foram padres, reis e profetas na Bíblia."*

A sacerdotisa pode ser também descrita como a maior transformadora. O que nós vemos em Maria como o segredo de sua existência aplica-se a toda sacerdotisa. As mulheres conhecem o segredo da transformação, estão familiarizadas com o nascimento e a morte. Toda transformação se dá no decorrer da morte e do nascimento. Por intermédio de seu lado sacerdotal, uma mulher sabe que as pessoas não devem se fixar no que foi atingido. O desenvolvimento está sempre relacionado à morte e à renovação. Quem deseja permanecer vivo deve se transformar. Na festa eucarística o padre transforma o pão e o vinho no corpo e no sangue de Cristo. A sacerdotisa transforma o seu dia a dia para que ele esteja aberto ao fundamental, ao divino. Em tudo o que fazemos, Deus quer ser tocado. Tudo pode se tornar uma imagem para a presença de amor e cura de Deus e para sua força transformadora.

Anselm: Quais são as experiências que você tem com seu lado sacerdotal?

Linda: *Este meu lado se tornou conhecido para mim apenas há alguns anos. Antigamente ele estava adormecido, naquele momento havia ainda muita rebelião em mim contra o eclesiástico, e eu não queria conhecer muito sobre essa minha faceta. Mas eu também nunca encontrei uma imagem que me mostrasse o que poderia ser a força da* *sacerdotisa em mim. Mas, em situações difíceis, eu senti nitidamente que a sacerdotisa estava em mim e me tornava mais forte. Eu também conheço seu lado sombrio em mim e eu quero estar sensível a ele.*

8

MARIA MADALENA
A amante apaixonada

As mulheres não desejam apenas o amor que as acolhe. Na literatura mundial as mulheres são também apresentadas como grandes amantes. O poeta russo Dostoievski, em seu livro *Crime e castigo*, descreve Sônia como a grande amante. Ela faz com que o assassino que está petrificado desperte da morte. Seu amor faz fluir o material mais duro. O amor transforma o assassino impenetrável em um ser humano. Os poetas sempre louvam as mulheres que encantam as pessoas com seu amor e as trazem à vida.

O Evangelho nos descreve Maria Madalena como uma grande amante. Ela é amada por muitas mulheres como a mulher apaixonada, a mulher que entende o amor. Maria Madalena é a amiga de Jesus. A tradição da Igreja frequentemente a associa à pecadora do Evangelho de Lucas, imagem da qual as mulheres se defendem. Nessa identificação, elas pressentem a moralização típica dos homens da Igreja.

Nós nos limitaremos aqui à descrição de Maria Madalena feita no Evangelho de Lucas e de João. Lucas a enumera como a primeira mulher que acompanhou Jesus em seu caminho. Ela ficou muito próxima dele. Lucas afirma que dela saíram sete demônios (Lc 8,2). Jesus a libertou de seus demônios, de seu desapego interior, do distanciamento de si mesma, e a guiou para sua verdadeira força de amar. Depois disso ela quis ficar ao lado dele. Jesus devolveu a Maria Madalena sua dignidade, seu centro. E assim ela se tornou capaz de amar a partir daquilo que se encontrava dentro dela. Ela amava Jesus com sua recentemente desperta força de amar.

João nos descreve Maria Madalena como a primeira mulher que se levanta pela manhã, vai até o túmulo e vê o Cristo ressuscitado. Ela se torna então *apostola apostolorum*, como diz Santo Agostinho, ou seja, apóstola dos apóstolos. João descreve a cena em que Maria se dirige ao túmulo e encontra o ressuscitado como uma história de amor. Para isso, ele se refere aos textos dos Cânticos, dos grandes cânticos de amor do Antigo Testamento. Os Cânticos descrevem o amor entre homem e mulher: não o amor no casamento, mas o amor entre dois amantes. Eles desfrutam do amor e agradecem a Deus pelo presente mais milagroso que Ele deu aos homens, ou seja, o amor que enfeitiça os amantes: "Você me encantou, minha irmã, minha esposa; sim, encantou-me com um olhar dos seus olhos, com um colar do seu pescoço" (Ct 4,9).

Nessa descrição, João se refere acima de tudo ao terceiro capítulo dos Cânticos. Ali se lê: "De noite, em minha cama, busquei aquele a quem ama a minha alma; busquei-o, e não o encontrei" (Ct 3,1). Assim levanta Maria Madalena bem cedo, quando ainda estava escuro, para procurar o que sua alma ama. Nos Cânticos, a esposa fala três vezes daquilo que sua alma ama. Maria Madalena pergunta três vezes: "Levaram o Senhor do sepulcro e não sabemos onde o puseram" (Jo 20,2). Na segunda vez, Maria direciona a mesma pergunta aos dois anjos no sepulcro, mas agora ela fala do "meu Senhor", aquele que foi levado (Jo 20,13). Na terceira vez, ela se dirige ao jardineiro: "Senhor, se Tu o levaste, diga-me para onde. E eu o levarei" (Jo 20,15).

Quando Jesus se dirige a ela com seu nome, ela se vira e diz a Ele: "Rabbuni", "meu mestre". Jesus é o seu mestre pessoal. Em seu nome e na voz que convoca seu nome, Maria Madalena sente o amor de Jesus por ela. Ela se sente tocada em seu coração. O nome basta para manter vivo todo o amor que ela tem por Ele. Ela o abraça e tenta segurá-lo, assim como a esposa nos Cânticos: "Eu me agarrei a ele e não mais o soltei até que o trouxe à casa da minha mãe" (Ct 3,4). A esposa evoca as filhas de Jerusalém com as palavras: "Não acordem, não despertem o amor até que o queiram" (Ct 3,5). Em contrapartida, Jesus pede a Maria que não o detenha "porque ainda não subi para meu Pai" (Jo 20,17). Maria vivencia uma transformação de seu amor: ela não pode deter Jesus em seu amor, ela deve deixá-lo livre, pois Ele pertence ao Pai.

Quando lemos a história de Maria Madalena tendo como pano de fundo os Cânticos, podemos compreender como era seu amor. Os Cânticos louvam o amor, sem atentar para preceitos morais. É um amor livre entre noiva e noivo, que é descrito em lindas imagens: "Que belo é o seu amor, minha irmã, esposa minha! Muito mais doce é seu amor do que o vinho, o aroma dos seus bálsamos mais deliciosos que o aroma de bálsamo. Dos seus lábios emana o mel; mel e leite estão debaixo da sua língua. O aroma dos seus vestidos é como o cheiro do Líbano. Minha irmã, minha esposa, você é um jardim fechado, fonte selada" (Ct 4,10-12).

Certamente Maria Madalena viveu esse amor por Jesus. Em sua história sobre a ressurreição João confirma os dizeres do livro dos Cânticos sobre o amor que é mais forte que a morte: "O amor é forte como a morte, a paixão é dura como a sepultura. Suas brasas são brasas de fogo, chamas poderosas. Mesmo as águas fortes não podem apagar este amor, nem os rios podem afogá-lo" (Ct 8,6-7).

A ressurreição de Cristo mostra que o amor que uniu Maria Madalena e Jesus não é destruído nem mesmo com a morte. Ele ultrapassa a morte. A morte apenas o transforma: não é mais o amor que prende, mas o amor que liberta; um amor que conhece o segredo do outro. No outro sempre há algo que não pertence ao amante, mas a Deus. Um segredo no qual não se pode infiltrar.

João escreve em seu Evangelho sobre um jovem que amava Jesus. Esse jovem corre para o túmulo vazio depois de ouvir a mensagem de Maria: "ele viu e acreditou" (Jo 20,8). E o jovem volta para casa sozinho. Mas acredita-se que Maria Madalena encontrou o Cristo ressuscitado e pode tê-lo tocado.

É um amor apaixonado o que ela carrega por Jesus. Isso mostra sua obstinação, a mesma com a qual ela pergunta três vezes ao Senhor que o levaram dela. E sua paixão fica clara nas lágrimas que ela derrama. Ela demonstra seu amor por Jesus com todo o seu corpo.

A tradição tentou, porém, identificar o amor apaixonado de Maria Madalena com a imagem da pecadora de Lc 7. Do ponto de vista exegético, isso é absolutamente falso. E nessa identificação se esconde também o risco de igualar a mulher à pecadora e sedutora. Hoje em dia, as mulheres se defendem disso com razão. As lendas não são sempre patriarcais, elas têm sempre um horizonte mais amplo. Se virmos as lendas nesse contexto mais amplo, elas adquirem assim um testemunho positivo:

Lucas fala sobre a pecadora sem moralismos. Ela é descrita como pecadora pelos fariseus. Mas Lucas a descreve como uma amante apaixonada, que se sente tão tocada por Jesus que ultrapassa todas as barreiras sociais e consegue o acesso ao banquete na casa dos fariseus. Ela não repara nos preconceitos das pessoas, mas segue o seu coração. Jesus deixa acontecer o amor que ela demonstra por Ele por meio de suas lágrimas e do óleo aromático. E louva a mulher "porque ela demonstrou tanto amor por mim" (Lc 7,47). A lenda retrata Maria Madalena como a mulher iluminada, que também ilumina as outras pessoas. Ela se tornou uma importante pregadora da Boa-nova e, quando falava de Jesus, "todos se impressionavam com a beleza de seu rosto e com a doçura de sua fala. Não é de se espantar que a boca que beijou tão docemente os pés do nosso Senhor pudesse pregar a palavra de Deus melhor que os outros" (Jacobus de Voragine).

Se interpretarmos a lenda psicologicamente, então Maria Madalena é descrita como uma amante apaixonada. Ela ama com todo o seu corpo. Pecado não é infringir um mandamento, mas sim falhar na vida. Depois da lenda, Maria falhou primeiro em seu objetivo com seu amor. Contudo, como não abandonou sua paixão, ela encontrou em Jesus, finalmente, quem ela poderia amar com toda a paixão. Seu amor se transforma completamente de forma que o corpo de Cristo imanava de sua luz e beleza. Como a mulher iluminada, Maria Madalena é a grande mística. Ela é diariamente elevada aos céus pelos anjos e esta é uma imagem de contemplação exercitada por ela. Em suas preces, ela está em Deus e já vivencia o céu.

Maria Madalena também vivenciou o sofrimento, e ela também encontrou o amor por intermédio dele. Um amor que é mais forte que tudo. E ela não deixa que o amor seja levado pela morte de Jesus. Mesmo depois de sua morte, ela procura com toda a paixão aquilo que sua alma ama. Ela chora muito, mostra sentimentos muito fortes e abraça Jesus assim que o reconhece. Seu amor incondicional é recompensado: ela pode ver e tocar o Cristo ressuscitado, e se torna a primeira testemunha da ressurreição. Para Maria Madalena a ressurreição é a vitória do amor sobre a morte. Seu amor por Jesus é transformado ao longo da morte e da ressurreição. Mas ela conserva sua força, é forte em seu amor.

As lendas sempre chamaram a atenção para a forma física de Maria Madalena. Atualmente reacendeu-se o interesse por essa grande mulher. Há vários romances sobre ela. Neles ela é descrita tanto como a discípula de Jesus quanto como sua amante. Certamente, os autores veem nela a grande amante que desperta em si mesma a ânsia por um amor que é mais forte que a morte.

O escritor árabe Khalil Gibran descreve sobre esse amor apaixonado de Maria Madalena por Jesus:

"Ele olha para mim e diz: "que a paz esteja com você, Miriam. Quando ele direcionou sua voz para mim, a vida falava sobre a morte. Assim sabia meu amigo, eu estava morta. Eu era uma mulher separada da própria alma. Eu vivia separada desse "eu" que você vê agora diante de si. Eu pertencia a todos os homens e, ao mesmo tempo, a nenhum. Chamavam-me de prostituta, de uma mulher que era possuída por sete demônios. Eu fui amaldiçoada e invejada. Mas quando seus olhos de aurora olharam os meus, todas as estrelas da minha noite brilharam e eu me tornei Miriam, simplesmente Miriam, uma mulher que estava perdida para o mundo e que se reencontrou na Terra.

Eu disse a Ele: entre em minha casa e compartilhe comigo pão e vinho! Então, Ele me pergunta: "Por que você me convida?" E eu apenas pedi a Ele: "Venha até minha casa!"

E tudo de terreno e celestial que estava em mim gritava por Ele. Ele me olhou e o dia em seus olhos repousou em mim. E Ele disse: "Você tem muitos amantes, Miriam, mas apenas eu amo você. Os outros homens procuram a si mesmos quando amam você. Eu amo você pelo que você é. Os outros veem em você uma beleza que passa mais rápido que seus anos. Mas eu vejo em você uma beleza que jamais acabará. E até mesmo no outono de sua vida você não precisará temer olhar no espelho, porque você não se modificará. Eu amo o que está em você e que ninguém mais pode ver".

Ele me olhou e disse, rindo: "Todos os homens amam você pelo que eles são. Mas eu amo você pelo que você é". E se retirou. Mas nenhum homem é tão experiente quanto Ele. Foi o vento da manhã que nasceu no meu jardim e migrou para o Oriente ou foi uma tempestade que fez tremer a base de todas as coisas? Eu não sei, mas nesse dia o nascer do sol em seus olhos fez morrer a megera em mim. Eu me tornei uma mulher, eu me tornei Miriam, Miriam de Magdala" (GIBRAN, H. Jesus: O Filho do Homem).

Em sua relação com Jesus, Maria Madalena conhece a aceitação amorosa. Jesus não espera nada dela, Ele não exige nenhuma condição, não faz nenhuma reivindicação: Ele a ama como ela é. Ela experimenta o amor e então se torna capaz de amar o que há dentro dela. E por meio disso torna-se livre. Maria Madalena se liberta do medo de não ser amada o suficiente. Isso significa que ela pode se desprender de seu sofrimento e descobrir qual a melhor forma de amar. Ela pode libertar o que está dentro dela, aceitar as pessoas com amor e amar apaixonadamente.

A frase "eu amo o que está em você e que ninguém vê" sugere o que as mulheres unem ao amor. À minha pergunta sobre quando se sentem amadas, algumas mulheres responderam: quando elas são levadas a sério, quando alguém as enxerga em sua alma e reconhece quem elas são ou como se sentem. Dessa maneira, elas podem se sentir tão tocadas a ponto de chorar. Assim elas se sentem guiadas para dentro de si mesmas, para seu mais profundo desejo e sua força. Elas se sentem, com isso, dispostas a amar o que há dentro delas, o que ainda não conhecem; o que não aceitaram.

Cada um de nós tem a necessidade profunda de se amar e ser amado. Mas para ser capaz de amar outra pessoa é preciso, antes, amar a si mesmo. Isso implica cultivarmos o interesse carinhoso por nós mesmos e vivermos por nós cuidadosamente. Devemos aceitar nossos sentimentos e nossas particularidades, tudo aquilo que nos faz vivos. Muitas mulheres que participam dos meus seminários relatam que em algum momento de suas vidas já viveram a experiência de não terem seus sentimentos levados a sério como elas gostariam. É exatamente neste ponto que se deve ter amor próprio, não para se perguntar o que teria sido melhor para ontem, mas para decidir aquilo que elas querem viver e mostrar hoje. Um exemplo: uma mulher viveu durante muitos anos a falta de amor que sofreu durante a infância até o dia em que ela determinou que já havia sofrido o suficiente. Ela queria começar a se aceitar como era e pretendia atentar para os pequenos sinais do amor que recebia das outras pessoas. Por meio dessa transformação, ela descobriu quanto amor recebia. Essa mulher se sentiu profundamente tocada e amada.

Frequentemente, nos meus seminários, as mulheres reconhecem que devem, em primeiro lugar, tornarem-se amantes de si mesmas e sentem o quanto elas se cobram sobre aquilo que não gostam e não aceitam em si mesmas. As características que foram negativamente avaliadas na infância são agora cobradas nelas. Por vezes é a dúvida sobre si, a negação, a impaciência ou a incapacidade de conseguir algo que parece tão inaceitável para elas. Aceitar significa, porém, olhar para si mesmas com amor, olhar com carinho para aquilo que nos torna fracas para que, ao longo disso, seja possível reconhecer a dádiva escondida ali. Esse pode ser um longo caminho para que possamos repetidamente escolher amar a nós mesmas.

Quem se coloca no caminho do amor sabe o quanto é difícil mantê-lo livre da apropriação e de toda a busca para controlar as pessoas. Aprender a amar é uma tarefa para a vida toda, que desperta e serve à vida. Embora toda mulher deseje amar, muitas sentem dificuldade em amar a si mesmas, em gostar de seus corpos, em aceitar seus pontos fortes e fracos, em levar a sério como são. Muitas mulheres amam um homem ou uma outra mulher para serem amadas. Mas se elas mesmas não se amam, o amor se torna insaciável e, com muita frequência, até mesmo opressivo para os demais.

Nós, mulheres, julgamos amar incondicionalmente; no entanto, tecemos uma série de condições para o amor. Nós acreditamos que, se nosso parceiro, filho ou os próprios pais fossem diferentes, nós os poderíamos amar ainda mais. Nesse momento, nosso olhar se direciona mais àquilo que falta nas pessoas e não vemos o que está lá. Nós somos incapazes de deixar que o outro seja como é; ao contrário, criamos expectativas de como ele deveria ser. Insistentemente, chamamos a atenção do outro para aquilo que ele não fez, tornamo-nos inacessíveis e delegamos a ele nossos próprios problemas.

E é ali, onde alguns não se sentem preenchidos pelo outro, que a mulher é capaz de promover seu próprio desenvolvimento. Ela pode olhar para si e trazer à vida aquilo que lhe faz bem.

É a amante em nós que é capaz de aceitar o outro como ele é. É ela quem extrai o que há de bom no outro e que traz o que há de maior nele. Como amante, nosso olhar se direciona mais para o que está lá na personalidade do que para o que falta nela. A amante em nós é também aquela que se cala quando o outro comete e reconhece um erro. Ela não aponta o erro, mas deixa que o outro o encontre à sua maneira e pelo seu amadurecimento.

Ser amante significa também se posicionar e olhar para o outro a partir de sua própria posição. É a amante em nós que diz ao outro o que ele necessita e ouve com atenção aquilo que ele necessita. Ela se conecta de tal forma para que ambos possam conviver. Compartilhar algo, compartilhar a si mesmo e ter partido na vida de alguém é uma forma de exprimir amor. Ser amante significa simplesmente estar presente.

Na amante encontramos sempre o amor à vida. Em tempos de perdas ou doenças ou mesmo quando reprimimos sentimentos por muito tempo, com frequência dizemos frases como: "eu quero apenas viver". Nesse momento, nós somos amantes de nossas vidas, de tudo o que é vivo em nós. Uma senhora de cerca de setenta anos me surpreendeu profundamente ao relatar que, depois de muitos problemas de saúde, ela é grata por aquilo que a vida lhe deu. A partir do seu amor pela vida, ela tomou uma decisão: "Eu quero festejar minha vida e faço isso todos os dias". Ela sempre planeja alguma coisa, mesmo que seja apenas algo pequeno, que torne o seu dia especial e que a faça feliz. Ela conhece a dor e a transforma em amor. Essa senhora vive o amor à vida, um amor apaixonado.

Em geral, o emocional na mulher torna mais fácil para ela do que para o homem expressar seu amor à vida, ao próximo, às crianças, a um estranho ou à natureza. Com o amor, ela é capaz de olhar para aquilo que tem valor e expressá-lo de tal forma que os outros também são capazes de sentir esse amor. É um sentimento que diz sim à vida e ao que há nela. Com amor, ela pode admirar uma árvore e pode receber afetuosamente o calor do sol ou um gesto de carinho. A mulher se abre para o *presente da vida e do amor. E aquilo que emana dela ela deseja levar adiante porque assim é capaz de amar apaixonadamente.*

A mulher amante permite proximidade e dá espaço ao desapego. Próximas às outras pessoas, sentimos o contato, podemos nos abrir e mostrar como somos, além de podermos nos deixar cair. Na proximidade, sentimos nossa ligação com as outras pessoas e vivemos o encontro. Quando reclamamos que não temos proximidade suficiente com outras pessoas, exigimos dos outros aquilo que precisamos buscar, em primeiro lugar, em nós mesmas. Fica a pergunta: "Sou próxima de mim mesma? Estou em contato com meus sentimentos e necessidades, com meus desejos e medos? Eu me sinto?" Não buscamos a proximidade exterior, mas sim a proximidade interior. Na mesma medida em que estamos próximos de nós mesmos é que podemos estar próximos dos outros.

Nós conhecemos não só a busca pela proximidade, mas também o medo pelo excesso dela. Então temos a sensação de que não criamos limite suficiente, que não conseguimos nos expressar. Na proximidade com outras pessoas frequentemente sentimos medo de que elas possam descobrir a ansiedade e as dores mais profundas, nas quais desejamos esconder de nós mesmos. A amante sente, todavia, quanta proximidade ela precisa, onde ela deseja se abrir e onde ela busca proteção e limites para si mesma. A amante em nós dá espaço para o desapego pessoal. Ela também deixa esse espaço para as outras pessoas, o que mantém seu amor vivo.

Ser amante significa também ter paciência. É aí que repousa a confiança que leva ao desenvolvimento. As mulheres são, com frequência, impacientes com os homens. Mas quando já passaram por um intenso caminho de desenvolvimento, essas mulheres que-

*rem se aproximar de seus maridos, pois elas também deveriam
lidar com o desenvolvimento deles. Elas desejam para si mais troca em seus relacionamentos, mais experiências semelhantes. Mas
um homem não busca a troca de seu universo de sentimentos da
mesma maneira que a mulher: ele trabalha muitas coisas dentro
de si mesmo. Para o homem pode ser uma doença ou uma grande
mudança na sua condição de vida para levá-lo ao seu desenvolvimento. Nesses momentos, a mulher necessita da amante para
deixar o homem ser o que é, e dar a ele o tempo que necessita.
Aqui ela também precisa da confiança em si mesma para perceber
que seu marido a valoriza e que ele quer crescer junto com ela.
Quando, nesses casos, a mulher é muito exigente, o homem acaba
se fechando. Um homem segue seu caminho diferentemente da
mulher e é a mulher amante que confia e dá tempo ao tempo.*

Acima de tudo, uma mulher é amante quando é capaz de
perdoar. O perdão não vem da cabeça, é preciso antes se fe-
char para os sentimentos de raiva e decepção, e trabalhar para se
abrir novamente em algum momento. Ela deve se superar para
se relacionar novamente com outras pessoas. Nesse processo, a
lembrança de quando ela mesma se perdoou pode ser de grande
valia. Ela pode oferecer o amor que ela recebeu de outras pessoas.

Amar significa se entregar e deixar-se cair. Mas amar não
significa se sacrificar. Frequentemente, o amor que se sacrifica
deixa um gosto amargo: a vítima pode se tornar o opressor. Eu
me sacrifico por alguém para imobilizá-lo. Quem se sacrifica por
outra pessoa tem dificuldades em deixá-la livre. Jesus se entre-
gou a nós em sua morte. Seu sacrifício valeu a pena. Contudo,
quando nos identificamos com seu sacrifício, exigimos demais
de nós mesmos. Ou, como diz C.G. Jung, nós nos identificamos

com uma imagem arquetípica e nos tornamos cegos para o lado agressivo que se esconde em nosso sacrifício.

Realmente o lado negativo da mulher amante se mostra quando ela se torna possessiva, quando deseja viver um excesso de proximidade e não dá nenhum espaço para o desapego do qual cada um de nós necessita. O amor de uma mulher permanece imaturo quando ela mendiga por ele.

Em contrapartida, o amor maduro é sinônimo de entrega ao outro. Exatamente por isso o amor aceita também quando chega a um limite, quando o outro não aceita mais seus sinais de amor, quando ele não a leva o suficiente a sério ou quando ele é insaciável em sua necessidade de amar. Há homens que se mantêm ligados à sua necessidade infantil de amar e nunca recebem o suficiente. Para a mulher surge então o desafio de não se deixar viver essa necessidade de amor maternal, mas ainda assim manter-se amante. A mulher amante não deixa morrer o amor por si mesma e pela vida. Ela sente em seu amor o seu valor próprio e não permite ser colocada no modelo de vida de outra pessoa. Ela não se deixa levar pela incapacidade de amar dos demais.

Em Maria Madalena mostram-se, ao mesmo tempo, o desejo por amor e a força para amar. Ela representa uma imagem na qual podemos nos espelhar em nossa habilidade para amar.

Anselm: O que para você é decisivo na mulher amante? O que fascina você, acima de tudo, em Maria Madalena?

Linda: *O que é decisivo para mim é a prontidão em me aceitar como condição para minha força de amar. É também o trabalho contínuo comigo mesma, o desejo de seguir crescendo como um sinal de amor. Dar ao outro distância por meio da confiança é, para mim, outra parcela importante do amor.*

O que me fascina em Maria Madalena é o momento da cura. Em sua relação com Jesus ela descobre o que significa a aceitação amorosa. Ela vive o amor e, por intermédio dele, é curada. Assim continua sendo até hoje. É o amor, o sentimento de ser acolhido, que cura algo em nós e nos faz amar mais fortemente do que antes.

9

MARIA
A transformada

A partir da psicologia junguiana, Erich Neumann descreveu o arquétipo da mulher transformada. Desde tempos imemoriais, a mulher tem algo a ver com o fenômeno da conversão: com nascer e morrer, deixar crescer e se converter. A imagem do útero materno, onde a criança cresce e passa as diferentes fases do desenvolvimento, foi entendida em tempos antigos como se a mulher fosse um recipiente onde a transformação acontece. Atualmente, as mulheres vivenciam algo semelhante ao que as imagens arquetípicas de transformação e conversão significavam nos primórdios: em sua vida acontece a transformação. As crianças se transformam perto dela. Com isso, as mulheres têm uma percepção especial sobre os processos de transformação na família e na sociedade. E, com suas perguntas, acabam colocando a transformação em movimento.

Maria representa a imagem bíblica da transformação. Para muitas mulheres, Maria é o modelo que as auxilia a tomar sua própria identidade como mulheres e a se alegrarem sobre sua feminilidade.

Minha mãe e minhas tias cultivaram uma forma saudável de devoção a Maria. Quando cantavam canções de Maria, ouvia-se também a alegria sobre sua própria feminilidade. Ali se via a alegria em ser mãe, em ser rainha. Outras mulheres têm dificuldades com Maria. Elas têm a impressão de que os homens da Igreja encaixaram Maria em uma imagem feminina muito particular e tentam, por meio do exemplo de Maria, impor essa imagem às mulheres. Muitas mulheres se irritam com o fato de que Maria é frequentemente apresentada como uma mulher assexuada.

Quando observamos a história da arte de forma mais atenta, reconhecemos que Maria – até mesmo nos góticos – é apresentada como uma mulher excepcionalmente bela, como a Madona. Ela tem aqui um *sex appeal* muito forte.

Outra apresentação de Maria a mostra como uma mãe tranquila, que dá segurança a seu filho. Ela é conhecida como a Madona da Misericórida, que defende muitos homens sob seu grande manto protetor. Por isso, ela é dita a rainha, equipada com o cetro e a coroa, de pé sob a lua. As estrelas irradiam sua pele. Nessas imagens são expressas sua dignidade e sua relação com o cosmos.

No século XIII surgiu a imagem da *Pietá*: a mãe segura seu filho morto em seu colo. Essa é uma imagem que se tornou um símbolo de esperança para muitas pessoas acometidas por sofrimento. A mãe dolorosa, que não se afasta do caminho da dor e que, ao invés disso, carrega-a e transforma, tornou-se para muitos uma ajuda para lidar com seu próprio sofrimento, tornando-os mais fortes. Eles não se esconderam em seu sofrimento, mas a atravessaram assim como fez Maria e vivenciaram, assim, a transformação de sua dor e seu sofrimento.

A imagem da Maria que segura seu filho morto em seu colo representa o sofrimento na vida de cada mulher. Ela representa o sofrimento de cada mãe que perdeu seu filho, a dor de cada mulher que teve de deixar partir o homem que amava, o sofrimento de cada mulher que teve que entregar sua saúde ou seu trabalho. Ela representa cada mulher que teve de desistir de algo que lhe era valioso, que perdeu algo do qual vivia. Essa entrega é dolorosa, nós sofremos a perda e o cuidado, e vivemos um período de luto. Nós vivemos a morte e a ofensa como sinal daquilo que perdemos e da escuridão que a acompanha. O que nos leva a trabalhar essa perda e passar por meio do nosso sofrimento?

Maria aceitou sua dor. Pode até mesmo ser um longo caminho a ser percorrido, mas se estamos prontas, assim como Maria, a aceitar nossa dor e não mais lutar contra ela, algo se modifica em nós. Quando nos perguntamos "O que eu devo aprender agora para suportar esse momento?", estamos prontas para crescer.

No sofrimento, estamos sós em primeiro lugar, inseguras e feridas. Nesses momentos de nossas vidas aprendemos a aceitar que somos carentes e precisamos de outras pessoas. Até mesmo

Maria não ficou sozinha embaixo da cruz, ela tinha pessoas que a apoiaram e ficaram em volta dela, e ela aceitou esse apoio. Em nossos momentos de dor e sofrimento precisamos ter a habilidade de confiar. Confiar que temos dentro de nós todas as forças para passar por esses momentos. Quando nos negamos a fazer uso dessas forças nós nos mantemos como vítimas e tornamos os outros responsáveis. Nós nos mantemos no sofrimento e nos negamos a amadurecer.

Na natureza, vemos que a morte leva à renovação. Isso pode ser aplicado a nós mesmos. Na dor, temos que preservar a esperança de que sobreviveremos. Devemos acreditar e confiar que seremos levados ao novo. Quando acreditamos e confiamos, não nos esquecemos da nossa dor. Sabemos que ainda é difícil e que podemos nos magoar, mas nos atemos à ideia de que algo bom pode derivar disso. Quando acreditamos e confiamos, podemos perseverar e esperar por um novo conhecimento que vai nos ajudar a resolver algo. Podemos orar, meditar ou buscar o silêncio que nos traz a clareza, e leva a um novo sentido para nossa dor. Quando, mais tarde, voltamo-nos para nosso sofrimento, reconhecemos que aprendemos algo muito valioso, que sobrevivemos à escuridão e nos conhecemos melhor. Reconhecemos ainda que somos mais maduros depois disso e que transformamos nossa dor em algo positivo.

A Bíblia nos apresenta diferentes imagens de Maria: Lucas a descreve como a mulher que crê. Ela está pronta para abandonar o conceito de vida que conhece até então e aceitar a palavra dos anjos. Ela deixa Deus entrar e se coloca à disposição dele. Essa moça simples de Nazaré adquire seu verdadeiro valor no encontro com Deus. Ela se intitula criada do Senhor. Mas esse título não é depreciativo, algo que a diminui. Ao contrário: Israel se denominava servente do Senhor. Mas os homens de Israel falharam, eles se fecharam cada vez mais diante de Deus. Nesse momento, Maria se colocou como representante de seu povo e disse: "Cumpra-se em mim segundo a tua palavra" (Lc 1,38). Claramente não falta a Maria autoconfiança. Ela reivindica falar por todo o seu povo e presta um serviço a todos com o seu sim. Por intermédio dessa frase, ela contribui para que a situação de seu povo seja modificada.

Maria deve ter sido uma mulher que estava pronta a ouvir seu interior, que estava pronta para sentir o que acontecia com ela. Encontramos essa prontidão dentro de nós quando passamos por um período de vazio do qual acreditamos que nada acontece. Nesses momentos estamos muito voltadas ao nosso interior. Não captamos nada que venha de fora, não ouvimos as outras pessoas, sentimos que o conhecimento está dentro de nós. Estamos atentas e em busca daquilo que quer amadurecer em nós. E sabemos que no centro de nós mesmas encontramos a semente para o que verdadeiramente somos. Apenas lá estamos livres de educação e normas, de adaptação e desempenho; lá somos verdadeiramente nós mesmos.

Maria deve ter vivido esse tempo de busca interior, no qual ela estava livre do exterior, até que ficou claro para ela para onde queria crescer. Ela estava em sintonia com seu interior para ser capaz de permitir engravidar ainda virgem, contra todas as normas daquele tempo. A autora Esther Harding estudou o sentido da palavra "virgem" e assim a descreveu: "a virgem é 'alguém consigo mesmo', ela faz o que faz não porque a agrada, não para que gostem dela, porque quer ter o amor ou a atenção de alguém, mas sim porque o que ela faz é verdadeiro, porque está de acordo com seu interior".

Aqui a virgem é entendida como identidade feminina, que está enraizada na sua sabedoria. É sinal de sua liberdade interior, que não se orienta pelas normas, mas pelo seu próprio sentido. Quando nos orientamos por nosso sentido e aceitamos novas facetas que aparecem em nós, significa que nos tornamos inconvenientes aos outros. E pode significar também que não vivemos mais de acordo com suas regras e que perdemos essas pessoas. Mas pode ser ainda que as pessoas estejam prontas para se transformarem conosco e para redescobrirem a vida em si mesmos.

Mulheres que passam por diferentes fases da vida podem se identificar com Maria: como virgem, como mãe e como uma mulher mais velha. Na Maria moça, as mulheres descobrem sua própria clareza e alegria. Depois, Maria é a mãe que deu à luz Jesus. Desde o Concílio de Éfeso ela é venerada como a Mãe de Deus. Isso significa que, desde então, o segredo da mãe repousa nela. Toda mãe é, em seu caminho, em última instância, mãe de Deus. Ela dá à luz uma criança divina, uma criança que será formada e educada por Deus. E, finalmente, Maria é a mãe em luto, que segura seu filho morto em seu colo. A ela as mulheres direcionam suas preces, porque veem nela a mulher que viveu a dor e a aflição e que ganhou compaixão por sua dor.

A relação com o anjo e a mensagem de Deus transmitida por ele mexem com Maria. Ela se coloca a caminho das montanhas rumo à sua parenta Isabel. As duas mulheres grávidas se cumprimentam. E na relação entre elas reconhecem o segredo de suas vidas. Em Isabel o bebê salta de alegria. Ela se coloca em contato com a imagem inviolável e pura de si mesma. E Maria começa a louvar as ações de Deus nela e canta a seu povo. Nessa famosa canção do *Magnificat*, Maria louva a Deus: "porque atentou para a baixeza de sua serva. Veja, a partir de agora todas as gerações me chamarão bem-aventurada" (Lc 1,48).

Desse verso emana a autoconfiança que a menina simples sente imediatamente em si mesma. Ela sabe que Deus operou grandiosamente nela e a fez grande. E assim Maria canta a revolução de todos os valores.

De maneira nenhuma Maria é uma mulher discreta e conformista. Ela se revolta e se rebela. Deus desiste de todos os padrões deste mundo. "Ele dissipou os que têm o coração cheios de presunção; depôs do trono os poderosos e elevou os humildes" (Lc 1,51s.). Maria tem um senso para as circunstâncias que Deus transforma em suas mãos e que confortaram os humildes nesse mundo e nas quais eles se apegaram. Maria reconhece em Deus o grande transformador.

Em sua relação com Isabel Maria vive o que as mulheres ainda hoje sempre precisam: a relação com uma mulher para quem ela pode se abrir e contar seu segredo. Ambas as mulheres vivem a gravidez fora das condutas sociais: Isabel é velha demais para ter filhos e Maria está grávida, mas não é casada. Ambas devem ter sentido não somente alegria, mas também tiveram dúvidas e se abalaram: "Como será esse período? Como nós conseguiremos?" e isso as uniu uma à outra. Maria e Isabel se aceitam mutuamente e não julgam a partir daquilo que a sociedade considera certo ou errado. Elas sentem juntas o que para cada uma significa o que é desenvolvido dentro delas. Por terem compartilhado de seu interior, ambas se sentem fortalecidas. Por meio de Isabel, Maria compreende de uma maneira nova o que Deus fez de bom para ela. Suas dúvidas e medos se transformam em alegria e júbilo, e ela pode viver e expressar esses sentimentos abertamente.

As mulheres sentem que suas relações com outras mulheres as fortalecem. Ao compartilharem o que as move no mundo, elas transformam suas inseguranças e incertezas em autoconfiança e coragem.

Em Lucas, Maria é a mulher que movimenta tudo o que acontece em seu coração. Ela dá à luz uma criança sobre a qual tudo de grandioso será dito. Com essa criança ela traz ao mundo a luz e uma paz mais forte que aquela estabelecida pelo Rei César Augusto no Império Romano com a força de suas armas. E Maria tem de demonstrar sua crença na ação de Deus em situações que a magoaram como, por exemplo, quando o filho de doze anos fica para trás no Templo de Jerusalém. O Simeão envelhecido prometeu a ela: "Uma espada traspasará a tua alma" (Lc 2,35).

Mães que têm filhos nessa idade conhecem a preocupação e a rejeição que Maria viveu com seu filho de doze anos. Nessa idade acontece uma transformação na relação com a criança: o filho precisa se transformar em homem, a filha em mulher. Como muitas mulheres, Maria teve de aprender que seu filho não pertencia a ela. Ela precisou estudar e compreender o que se fortaleceu na crucificação: não apenas mães, mas todas as mulheres vivem, assim como Maria, que o que elas educaram, cuidaram e guardaram não é de sua posse. Ao invés disso, elas devem deixá-los livres e confiar que não se perde nada do amor que elas depositaram em uma tarefa ou em uma pessoa.

O Evangelista João traz outra imagem de Maria: ele fala da mãe de Jesus. Em seu evangelho, ela surge em duas posições decisivas: em um casamento em Caná e ao pé da cruz, no Gólgota. A história do casamento em Caná apresenta, em uma imagem, o segredo da encarnação de Deus. Quando Deus encarna, então Ele celebra com os homens o casamento, e a água da nossa vida é transformada em vinho. Nossa vida ganha um novo e divino sabor. E Maria desempenha um papel importante nesse episódio do casamento em Caná: ela percebe a falta de vinho, ela sente o que falta aos homens. E impulsiona Jesus a remediar a situação. Ela desencadeia o processo de transformação. Maria é a mãe da transformação, ela sente que da maneira como está não pode ficar. E não se trata apenas da transformação da água em vinho, mas de um acontecimento mais profundo, a transformação do homem. O homem que está acostumado a necessidades exteriores e ali se acomoda necessita da vida divina para descobrir sua própria vida. Quem se mantém intransigente em relação às leis externas não está apto para casar, para amar. Apenas quando bebemos da fonte divina do amor é que podemos celebrar o casamento.

As mulheres têm a sensação de que sempre sentem quando algo falta em suas relações. Elas se chateiam quando os homens percebem apenas raramente o que falta na relação e acreditam, com isso, que o relacionamento não é tão importante para eles como é para elas pois, do contrário, falariam sobre isso. Quando as mulheres veem esse sentido como um dom que mostra o que não funciona mais um com o outro, elas devem então valorizar esse dom ao trazê-lo para seus relacionamentos. Elas podem trazer uma nova vida e com isso transformar algo.

Encontramos novamente a mãe de Jesus no final da vida dele, embaixo de sua cruz: lá está ela, junto com João, o amado discípulo. "Quando Jesus viu sua mãe e, ao lado dela, João, o discípulo que Ele amava, Ele disse então à sua mãe: "Mulher, aí está o teu filho!" E Ele diz então a João: "Aí está a tua mãe!" E desde aquela hora o discípulo a recebeu em sua casa" (Jo 19,26).

Neste caso, trata-se de uma transformação que as mulheres conhecem bem quando uma tarefa é cumprida. Significa a busca de uma nova identidade, de novas possibilidades por meio das quais elas poderão expressar o amor e suas habilidades. Jesus pede a Maria que não se prenda ao seu luto, mas que dê seu amor a João, porque ele precisará dela; e ela também precisará dele. As mulheres podem sempre escolher para onde canalizar o que está vivo nelas.

Os exegetas afirmaram que a cena com Maria e João sob a cruz é simbólica e carrega um significado profundo. Na morte, Jesus é elevado ao reino divino. Maria é o portão por meio do qual Jesus entra no mundo terreno e também acede a Deus. Maria é a mãe da transformação, no nascimento e na morte, que são os maiores passos de transformação do homem. No nascimento, um pensamento de Deus se faz carne. Na morte, o homem é levado e unido a Deus. Assim aparece a glória que já se acende no nascimento, de forma clara e completa.

Hanna-Barbara Gerl descreve que Maria acolheu em si todas as imagens arquetípicas que, no passado, haviam sido deusas maternas, terrenas, da lua e do sol. Maria preenche a ânsia das mulheres que, no matriarcado, foram direcionadas às deusas femininas. Daí, assim afirma a teóloga, Maria tem hoje um bom diálogo com as outras religiões. Em Maria, os arquétipos e as experiências primordiais dos relatos da humanidade se tornam visíveis (cf. GERL, 1989: 109).

Gerl cita Romano Guardini, que anotou em seu diário que, em reação ao dogma do registro feminino de Maria nos anos de 1950, o dogma é "um apelo ao poder da feminidade sagrada". "O mundo é baseado no masculino, literalmente. Com Maria, a Igreja responde às necessidades mais profundas de hoje" (GERL, 1989: 111).

Mas Maria não preenche apenas aos anseios das religiões maternais, ela também as corrige, pois, "diferentemente de todas as fusões mágicas e todas as configurações panteístas, ela responde aos anjos de Deus com liberdade soberana e clareza interior".

A arte cercou Maria de símbolos que, na Antiguidade, eram reservados às deusas-mães. A arte reconhecia no segredo de Maria que tudo o que se incorpora nela foi anteriormente representado pela divindade materna. Assim, a Madona Negra é reverenciada em muitos lugares de peregrinação (como em Altötting, Praga, Chartres e Montserrat). Nela, algo da mãe terra é acrescentado.

Como cristãos, reverenciamos Maria como uma mulher cristã, não como uma deusa. Maria preenche o anseio feminino pela força transformadora da terra e das águas. A arte criou imagens poderosas de Maria, que contestam as imagens moralizantes da "virgem pura", dispostos por tratados ascéticos de Maria que se apresentaram válidos às mulheres. Os artistas, em contrapartida, entendiam claramente que Maria era apenas um ser humano. Mas reconheceram nela o segredo da mulher como transformadora, e assim a apresentaram. A lua é um típico símbolo de transformação com a qual Maria aparece em muitas imagens e estátuas. "Como símbolo da fertilidade, a lua assume papel por vezes até mais importante que o sol, principalmente no Oriente Antigo. Em função de suas mudanças, ela está intimamente associada à fertilidade feminina" (SCHWELIEN, 1994: 160). Com isso, Maria sobre a lua crescente é uma imagem expressiva para a transformação dos homens.

O que se aplica a Maria pode ser também aplicado a toda mulher. Toda mulher tem um pouco do mistério do feminino, assim como Maria. Muitas mulheres sentem quando alguma coisa está presa. Posto que elas auxiliam seus filhos em seu desenvolvimento, elas têm já internalizado que não existe vida sem transformação. Aquele que fica estagnado no processo de crescimento se tornará imaturo e paralisado.

Viver significa transformar-se continuamente. Antigamente, as mulheres eram simbolizadas por imagens como um vaso ou um tacho. O vaso representa os protegidos, mas, ao mesmo tempo, em um tacho se cozinha e os temperos são, ao decorrer do cozimento, transformados. As mulheres conhecem o segredo da transformação; a mulher que educa os filhos e cozinha sabe o que significa a transformação. Ela mesma está pronta para se transformar continuamente. E ela tem a capacidade de transformar também o seu entorno por meio de sua vida e de seus questionamentos. Essa é a sua força, por exemplo, na fala. Quando os homens atingem um impasse em seus argumentos, uma mulher apresenta muitas vezes uma pergunta completamente distinta, que coloca a discussão novamente em movimento.

É importante que as mulheres se posicionem quanto à sua capacidade de transformação. Assim elas fazem acontecer muitos processos de transformação: nos filhos, nos parceiros, no trabalho, na sociedade, na Igreja e na política.

Anselm: Durante muito tempo, você teve problemas com a imagem de Maria. Mas, recentemente, na Festa da Assunção para o céu da Virgem Maria, você falou sobre ela. Naquele momento, você encontrou novas facetas dela. Como você vê Maria hoje e o que você reconhece nela? O que faz bem a você na imagem dela? Como você se relaciona com a imagem da transformadora?

Linda: *Vou responder primeiro à sua última pergunta. A imagem da transformadora é muito familiar para mim. Eu sinto minha vida em constante transformação. Várias vezes foram circunstâncias externas que me levaram a isso. Mas também foi minha curiosidade que me levou a descobrir e viver algo novo em mim.*

Quando criança, eu via Maria como uma mãe amorosa. Sempre me tocou o fervor com o qual nossa mãe e suas irmãs oraram e cantaram por Maria. Quando adulta, Maria não me interessou durante um longo período. A imagem de Maria que me foi trazida pela Igreja estava muito distante da minha vida. Para mim, sempre foi um dilema a glorificação e, ao mesmo tempo, a desvalorização do feminino na Igreja, e faz parte da minha formação me afastar de imagens preconcebidas e deixar a minha própria concepção surgir. Mais tarde, eu busquei um novo acesso a ela e me perguntei, então, o que Maria poderia trazer à minha vida naquele momento. Em sua vida como mulher nada foi poupado. A maneira como Maria respondeu a isso me orienta e ajuda muito hoje. O seu sim foi provado durante toda sua vida e ela escolheu acreditar e confiar nele até mesmo na dor. E eu me reencontro nessa atitude. Hoje eu entendo o que faz de Maria uma rainha. Nela, eu vejo nossas forças femininas centradas; nela, elas são enfatizadas e por meio disso, são reais.

10

MARTA E MARIA
A anfitriã e a artista

As mulheres são, muitas vezes, excelentes anfitriãs. Elas recebem os convidados e fazem com que eles se sintam em casa. Uma anfitriã frequentemente decora sua casa com amor: ela é, ao mesmo tempo, uma artista. A anfitriã e a artista andam juntas, mas, ao mesmo tempo, vivem em conflito. Por vezes, a anfitriã se dedica demais à sua tarefa, enquanto a artista precisa de tempo para si. Ela busca lugares de silêncio onde possa se recolher para seguir sua intuição e desenvolver suas ideias criativas. Ambos os arquétipos – a anfitriã e a artista – colocam a mulher em contato com habilidades que estão escondidas em seu interior.

O Evangelista Lucas, que, como grego, tem uma predileção especial pela grandeza da mulher, mostra-nos em uma linda história de relacionamento como a anfitriã concorre com a artista, mas, simultaneamente, ambas estão lado a lado. Jesus chega a uma pequena vila com seus discípulos. "Uma mulher de nome Marta o recebeu em sua casa. Ela tinha uma irmã chamada Maria, que se sentou aos pés do Senhor e ouviu suas palavras. Marta estava muito envolvida com os cuidados para Jesus. Ela vem até Ele e diz: 'Senhor, não te incomoda que minha irmã me deixe fazer todo o trabalho? Diga a ela que me ajude!' O Senhor respondeu: 'Marta, Marta, você está muito preocupada e atarefada, mas apenas uma coisa é necessária. Maria escolheu a parte boa, que não deve ser tirada dela" (Lc 10,38-42).

Lucas é um contador de histórias magistral. Com poucas palavras ele nos mostra a personalidade das duas irmãs. Muitas mulheres têm dificuldades com essa posição: elas acreditam que seu trabalho em casa é desvalorizado. Mas não se trata disso. Marta e Maria são dois lados de uma mulher, ambas pertencem ao seu ser.

Marta é uma anfitriã. Na Antiguidade, hospedar convidados era um ato sagrado. No hóspede aparece sempre o estrangeiro. E frequentemente é o próprio Deus quem entra como estrangeiro para ver como os homens se relacionam com aquele que está sob a proteção do Senhor.

A maior preocupação de Marta está em fazer com que Jesus se sinta bem. Ela reconhece aquilo que Ele precisa e prepara rapidamente alguma comida para Jesus e os discípulos. Mas está claro que seu ato não é altruísta, desinteressado: ela espera ser reconhecida por Jesus como boa anfitriã. Talvez ela concorra com outras anfitriãs e queira ser bem-sucedida. Como ela não se dedica completamente ao seu ato, ela se mostra zangada com Maria, que está aos pés de Jesus e ouve suas palavras.

Quando entendemos as duas formas femininas como duas diferentes facetas de uma mulher, a história nos diz o seguinte: por vezes, Marta fica tão absorvida por uma mulher em seu trato, que não percebe as necessidades do seu convidado. Ela o serve sem perguntar o que Ele deseja. Ela começa a trabalhar sem saber se o convidado está de acordo ou quais são suas verdadeiras necessidades. Quando seu ato não é recebido como ela gostaria, então se decepciona. Com frequência, ela toma como ponto de partida suas necessidades como anfitriã, sem se voltar verdadeiramente para o convidado.

Maria, em contrapartida, ouve o convidado. Ela quer saber o que Ele tem para contar. O convidado trouxe algo novo, diferente, ao qual se deve ter atenção especial. Lucas diz que Maria senta aos pés de Jesus e ouve suas palavras. Esta é a descrição clássica do discipulado. Assim, Lucas descreve a atenção de Saulo a Gamaliel. Saulo foi aluno de Gamaliel, sentou-se aos seus pés. Maria é, por conseguinte, aluna e discípula de Jesus.

Maria incorpora o nosso lado ouvinte. Como em cada um de nós o lado da atuação fala mais alto e é o argumento mais forte para si, Jesus precisa tomar partido também pelo lado ouvinte. Em nossos atos, devemos sempre parar para sentir o que realmente está presente.

Muitas mulheres atendem apenas a seu ato sem se perguntarem se os outros realmente precisam dele e o desejam. E então elas se decepcionam assim como Marta quando seu trabalho não é devidamente reconhecido. Neste caso é importante se recolher e ouvir a si mesmo sobre aquilo que realmente é importante, o que é bom, o que deve ser feito. Sem Maria, Marta fica cega. No entanto, Maria também precisa de Marta. Sem ela, Maria apenas ouve, sem entrar no plano da ação. É examente o místico Mestre Eckhart que toma partido por Marta. Ele acredita que, sem Marta, Maria giraria apenas em torno de si mesma. Ela trocaria a espiritualidade pelo "sentir-se bem", o que seria uma espiritualidade narcisista. Marta mostra para onde o caminho espiritual deve seguir: para o amor cuidadoso pelos outros.

Lucas nos mostrou os arquétipos da anfitriã e da artista em Marta e Maria. Muitas mulheres são anfitriãs maravilhosas: elas fazem com que seus convidados se sintam bem-vindos. Elas espalham uma atmosfera de proteção e cuidado, de estima e amor. E, com bastante frequência, a anfitriã é a artista, ao deixar a casa bonita e cobrir a mesa amorosamente. Da maneira como recebe os convidados, ela expressa seu apreço. Ao mesmo tempo, eles entram com prazer em seu ambiente porque sentem que é um espaço cheio de amor e criatividade. Da forma como ela prepara a comida é possível perceber sua alegria pela vida. A anfitriã oferece vida aos seus convidados.

Lucas mostra que Maria nem sempre está imersa na imagem da anfitriã. A artista precisa de tempo para si e, por isso, não pode sempre trabalhar. Ela precisa de pausas criativas para ouvir a si mesma e também a estranhos, que despertam nela novas ideias. A artista o é em todos os momentos, ouve sua voz interior, sua intuição. Ao escutar, formam-se em seu interior novas ideias. A artista é a mulher intuitiva, que expressa algo do segredo da vida e também do segredo de Deus.

Meus irmãos e eu somos felizes por termos crescido em uma casa hospitaleira. Para nossos pais sempre foi importante receber convidados. No Natal, sempre convidávamos estudantes estrangeiros para celebrarem conosco. Quando brincávamos com as crianças da vizinhança, também comíamos juntos em nossa casa: elas pertenciam à nossa casa. Como minha mãe cozinhava todos os dias para nove pessoas, não era um problema para ela quando tínhamos mais algumas para se sentarem conosco à mesa. Nossa mãe espalhava um clima que levava as pessoas a se sentirem à vontade em nossa casa.

A artista em nós é a mulher criativa e sensual que organiza seu interior. Ela busca para si uma expressão para aquilo que a movimenta mais intimamente. Sua alegria ou sua preocupação, sua jovialidade ou o simples gosto pelo belo, tudo isso é externalizado, o que a torna muito criativa. Muitas mulheres afirmam em meus seminários que não carregam em si nada de artístico. Elas veem na imagem da artista apenas aquela que pinta um belo quadro, que escreve um poema ou que é musical. Mas quando afirmam que gostam de escrever diários, de cozinhar ou de arrumar a mesa, sentem que levam a artista dentro de si mesmas. Outras mulheres dizem que não têm tempo para o seu lado artístico ou que ainda carregam a avaliação dos pais de que isso não leva a lugar algum. Elas afirmam que tiveram de realizar algo que fosse também útil. Uma mulher que se expressa artisticamente se concentra em si, está mergulhada em si mesma. Com isso, ela é capaz de reunir forças, libertar-se das dificuldades e também se sentir animada.

Além disso, a artista também representa a leveza, a descontração, a dança, o canto, que extravazam e se expressam por meio de seus sentidos. Ela traz cor à vida. Ela celebra, se diverte e contagia os demais com sua alegria de vida. Essa alegria a coloca em equilíbrio entre a vida simples e difícil. Sem a artista em nós, nossas vidas se tornam secas e tristes, demasiadamente voltadas ao cumprimento de deveres e à performance.

Em suas experiências de dor, a artista encontra sua maior expressividade, o que a torna imprescindível para uma mulher. Ela pode transformar a desordem em seu íntimo em criatividade e desenvolver, ao longo disso, forças de cura.

Maria pode esquecer-se de si mesma ao ouvir. Ela se dedica àquele momento, não questiona o benefício de suas ações. Assim, a artista é sempre uma mulher livre: não se deixa determinar por obrigações, mas por sua intuição. Ela faz o que é certo para ela, e é presente em sua expressão artística. Assim, ela se entrega ao momento, é criativa. Porque escuta sua voz interior, algo novo resplandece dela; algo que ela ainda não conhecia.

Quando as mulheres reencontram seu lado artístico depois de muito tempo, relatam como sentiram falta daquela força. Por meio dessa faceta, elas sentem quanta vida se esconde nelas e desejam expressá-la. Algumas dessas mulheres registraram suas associações com a artista:

- *"Tempo doce para não fazer nada."*
- *"Viver a espontaneidade, ter lazer, doar-se, cheia de fantasia."*
- *"Cantar a melodia da vida."*
- *"Vitalidade imediata."*
- *"Os outros valorizam meu lado criativo mais do que eu."*
- *"Poder ser artista é um presente maravilhoso de Deus."*
- *"A arte traz liberdade interior e asas à alma."*

- *"Expressar-se e abastecer as energias. Depois disso, me sinto equilibrada."*
- *"A criatividade surge de mim, se eu a deixo ir."*
- *"Criatividade = entusiasmo pela vida."*
- *"Expressar-me, deixar viver o potencial esquecido em mim."*
- *"Libertação."*
- *"Arte de viver."*
- *"Ser a artista da minha vida."*

A artista também é a mulher que entende a arte de organizar bem a própria vida. Ela domina a arte de viver, é uma artista da vida, que tem alegria e se faz bela, mesmo quando as condições externas não são particularmente agradáveis.

O lado negativo da artista se mostra quando ela precisa se expor, mostra-se exaltada e, com isso, parece artificial. A histeria é um risco da artista. Ela precisa se expor sempre. Mas, ao invés de mostrar o que está em seu coração, ela acha que deve se promover, vender-se bem. E, muitas vezes, isso é embaraçoso. A verdadeira artista é capaz de esquecer-se de si mesma, ela expressa o segredo do ser ao invés de se expressar unicamente. É por isso que a artista também precisa da anfitriã, que permite que os outros compartilhem daquilo que ela sente. A anfitriã não gira em torno de si mesma, ela tem empatia por seu convidado. Ela se afasta de si pelo outro e a artista precisa desse tipo de relacionamento, para que sua arte traga efetivamente frutos.

A arte não é sempre só leveza e beleza. Muitos artistas são especialmente criativos quando mergulham em uma fase depressiva ou são tomados por sentimentos depressivos. Mas não vão ao fundo do poço, eles dão forma a esses sentimentos, expressam-no. A experiência na dor pode levar a artista à sua máxima força criativa. Ela expressa a escuridão, a desordem, o caos que existem nela e nas outras pessoas. Isso pode ter um efeito de cura não apenas para ela, mas também para aqueles que se envolvem com sua obra de arte. Expor um trabalho de arte é sempre um processo de cura. Ao invés de ser inundada por sentimentos negativos, a artista dá forma a eles e, com isso, faz fluir a energia da escuridão e da negatividade. O que flui, está vivo: a rigidez é transformada e curada.

Nossa criatividade é uma riqueza interior da qual sempre podemos beber. Não se trata de fama e aplausos; trata-se de estarmos em contato com nosso interior e darmos forma a ele por meio de expressão lúdica e sensitiva.

Anselm: Para você sempre foi importante que sua casa estivesse aberta aos convidados. Você gosta de ser anfitriã? Como você vive a artista em você?

Linda: *Eu também acreditei, por muito tempo, não ter nada de artístico em mim. Mas cozinhar para minha família sempre foi um ato muito criativo para mim. Quanto mais eu buscava a artista em mim, mais eu encontrava o artístico. Eu sempre vivi a anfitriã de forma muito abun-*

dante e prazerosa. Sempre me alegrou receber as pessoas em minha casa e ouvir suas histórias de vida. Muitos convidados estrangeiros viveram também em nossa casa. Talvez eles tenham se sentido protegidos aqui, enquanto eu descobria um pouco mais sobre o mundo. Quando me mudei para Allgäu, a anfitriã se tornou menos importante. Lá, a artista me ajudou muito a expressar meus sentimentos por meio da escrita, proporcionando, com isso, maior clareza. É também a artista que busca, nos seminários, a expressão adequada que eu desejo passar.

11

MIRIAM
A profetisa

O arquétipo da profetisa se aplica a homens e mulheres. No entanto, a profetisa tem, em contraposição ao profeta, suas próprias qualidades e se mostra de diversas maneiras atualmente. Um dos exemplos é a cartomante, que lê o futuro de uma pessoa em sua mão. Embora a imagem da cartomante traga também a ideia de charlatanismo, extorsão e abuso, ela nos mostra uma característica fundamental da mulher: sua intuição para a verdade. Ela diz o que é verdade, o que é certo, o que ela reconhece por detrás das coisas. A mulher enxerga a fundo e tem uma intuição para o futuro. Mas a profetisa não é somente aquela que indica o futuro. Ela também tem a capacidade de interpretar corretamente os acontecimentos; ela vê por trás dos acontecimentos e conhece o verdadeiro sentido das coisas e dos eventos.

A Bíblia reconhece algumas profetisas, sendo Miriam a mais conhecida. Miriam é irmã de Aarão, ou seja, ela é irmã de Moisés. Como profetisa, ela interpreta em seu cântico a saída do Egito, o milagre no Mar Vermelho. Os israelitas se tornaram sedentários. Mas, como nômades livres, viviam sob o rígido sistema de impostos do Egito. E "embora o faraó Ramsés II não fosse um déspota, em seu ordenado e centralizado estado, os pastores de ovelha estrangeiros, que quisessem utilizar o pasto de suas terras, tinham que pagar impostos, ou seja, trabalho compulsório" (OHLER, 1987: 69). Isso não condizia com os hábitos livres dos israelitas, pois parecia a eles escravidão. Por isso, fugiram do Egito. "Mas as tropas de fronteira egípcias não podiam permitir a simples saída dos sonegadores. Os fugitivos conseguiram caminhar pelo Mar Vermelho e cruzar com os seus rebanhos em segurança, enquanto os carros pesados dos perseguidores não foram capazes de fazê-lo" (OHLER, 1987: 70).

A fuga do Egito e o ocorrido no Mar Vermelho são, para o povo de Israel, o grande milagre que é contado, até hoje, por seu povo. Miriam, mulher e profetisa, esclarece ao povo o que de fato aconteceu ali: "A profetisa Miriam, irmã de Aarão, tomou o tamboril nas mãos e todas as mulheres saíram atrás dela com tamboris e com danças. E Miriam respondia: Cantai ao Senhor porque Ele é o maior e exaltado! Carros e cavalos Ele lançou ao mar!" (Ex 15,20-21).

Miriam é profetisa. Ela tem um olho para a realidade. De fora, reconhece-se que Israel teve sorte. Eles chegaram ao Mar Vermelho a pé, enquanto os egípcios ficaram presos e até mesmo se afogaram. Mas Miriam reconheceu que não se tratava apenas de sorte. O próprio Deus lidou com essa situação: foi um evento histórico. Pode-se dizer que foi acaso. De fora se pode pensar que não foi revolucionário. Alguns carros de guerra ficaram presos enquanto o grupo de israelitas passou a salvo na margem do rio. Mas, para Miriam não foi mera coincidência, mas sim a ação de Deus por seu povo. Como profetisa, ela vê além dos eventos. Ela reconhece que, neste acontecimento histórico, Deus seguiu seu propósito com seu povo. E para ela abriu-se a essência de Deus, que é o libertador. A profetisa tem a capacidade de deduzir a partir de acontecimentos concretos na obra de Deus e no segredo do amor divino descobrir o essencial que está por trás dos acontecimentos externos e interpretar tudo isso ao longo de suas palavras. E suas palavras não são interpretação teórica; elas reúnem as mulheres em seu ambiente e as coloca em movimento, para que elas dancem juntas. Assim, é preciso que a profetisa toque e inspire as outras mulheres.

Os poetas sempre exaltaram Miriam. Assim Wolfgang Dietrich a exalta:

> Miriam, nomeada profetisa, de maneira alguma calada na comunidade. Ela guia a dança, a música e a fala no e para seu povo.
>
> Miriam, profeta verdadeira, ligação direta com Deus, não se esconde, sem defesa, sem mediação do homem, rosto sem máscaras, cantora e porta-voz livre, com mãos livres para tocar o ritmo a caminho da liberdade e dança que leva em si (DIETRICH, p. 49).

Ingeborg Bachmann, ela própria meio judia, compôs um lindo poema para Miriam. Ela vê Miriam como a representante do judaísmo e adjudica a ela a grande tarefa de salvação do mundo (MOTTÉ, 2003: 78).

> Em cada peitoral de pedra comova e faça o milagre,
> que a lágrima também escorreu a pedra.
> E se deixe batizar com a água quente.

Permaneça diferente de nós até que sejamos mais estranhos para nós mesmos.

Por intermédio de Miriam, o milagre pode acontecer também nos dias atuais: os corações petrificados amolecem e por meio da água quente os sentimentos anestesiados do batismo voltam a despertar.

Como profetisa, Miriam não tem nenhuma interpretação pronta que satisfaça a mente. Se fosse apenas uma explicação racional ninguém a teria seguido. É assim que ela contagia as mulheres: Miriam toma o tamboril nas mãos e anuncia o que quer dizer por meio da música e da dança. E com isso ela arrebata as outras mulheres. Os homens não compreendem o que se passa ali; são as mulheres que, dançando, cantam sobre o evento. Na canção, elas observam profundamente e reconhecem que Deus jogou os carros e cavalos no mar. As mulheres reuniram toda sua experiência porque queriam mostrar que são gratas a Deus pela salvação admirável do povo no Mar Vermelho.

Na história de Miriam foi dito que sua interpretação não deriva do nível racional. Ela é a adivinha, que não vê apenas com os olhos o que se passa, mas liga o seu olhar com o coração e a barriga. Ela não vê apenas os fatos, ela coloca seus sentimentos e sente o que esses fatos provocam nela. Isso dá a Miriam a intuição para aquilo que outros homens fazem bem ou o que a machuca.

Na esfera pública é aquilo que pode ser visto com os olhos, normalmente a lei, algumas regras específicas ou o dinheiro, que deve servir de orientação às pessoas. Muitas vezes é difícil para as mulheres, em suas decisões, delimitar sua intuição para o humano a essas normas. Mas esses fatos são apenas uma parte, a intuição de como os homens se sentem com aquilo e educam os demais. Quando as mulheres encaixam sua intuição nisso, o olhar pode se ampliar para aquilo que é mais profundo e realmente mobilizar os homens.

Esse é o dom da vidente. Mas é também o ponto no qual ela é facilmente desvalorizada ou permanece incompreendida. Normalmente são as mulheres que sentem onde a vidente quer chamar a atenção. As mulheres se entusiasmam mais facilmente com isso e é exatamente esse interesse comum que gera algo maior e por intermédio do qual a profetisa é capaz de agregar outras pessoas.

Nós mulheres precisamos de coragem nos diferentes domínios, como Miriam bateu e movimentou energicamente o tamboril. Temos que esperar de nós no nosso caminho, não apenas olhar para regras e leis já estabelecidas, assim como também devemos perceber a condição das pessoas e chamar a atenção dos demais para isso.

No Antigo Testamento, o profeta ou a profetisa são os chamados por Deus ou também aqueles que chamam a Deus. Miriam foi, então, chamada por Deus: ela recebeu um chamado por seu povo. Os profetas eram divinos na Israel Antiga. Sua excitação estática era contagiante. Ela podia facilmente passar por cima das pessoas que se aproximavam dela. Certamente, Miriam tinha algo de vibrante: ela foi comovida por Deus. E sua experiência de Deus se espalha para outras mulheres, como uma dança estática realizada pelas mulheres, uma dança do entusiasmo sobre a liberdade que Deus as presenteou. Aos olhos dos homens isso tudo deve ter parecido uma completa loucura.

As mulheres compreendem o entusiasmo de Miriam. Muitas delas expressam com prazer seus sentimentos por meio da dança. Dançar é algo feminino por natureza. Eu já observei que as mulheres são lúdicas e mergulham em si mesmas em meditação e então são completo entusiasmo e completa alegria pela vida. Por isso, muitas mulheres escolheriam a expressão por intermédio da dança também na missa. Para elas, dançar é orar: elas oram com os pés, com o corpo e a alma. Sua comoção por Deus as mobiliza e elas desejam expressar essa mobilização interna com o corpo: é a expressão da sua vivacidade feminina. Quando se movimentam unidas em graça ou pelo entusiasmo e pela vontade de viver, a dança sempre toca algo profundo nas mulheres, algo que elas não são capazes de exprimir em palavras.

Quando Miriam é caracterizada como profetisa, exalta-se acima de tudo sua capacidade de clarividência. Ela vê as histórias como foram pensadas por Deus. Ela olha profundamente para os segredos da vida e reconhece o sentido dos eventos. Muitas mulheres carregam em si o que aqui é louvado em Miriam. Elas têm um olhar especial, veem por meio do sentido da palavra, olham as coisas em sua base. Elas não julgam as coisas de fora, nem tampouco apenas com o juízo; elas possuem um conhecimento interior das coisas, uma intuição para o que é fundamental. Um homem julga um orador por suas palavras, pela relação lógica entre elas e pelo conteúdo que ele apresenta. Já a mulher vê a verdade; ela reconhece em seus gestos se ele está próximo ou distante, se é vaidoso ou modesto; coloca-se no centro ou serve a uma causa; se repousa em si ou esconde sua inquietação atrás de seu autocontrole. A mulher tem um olhar para o seu carisma, se esse carisma cura e liberta ou se é desagradável e estranho.

Muitas vezes as mulheres se sentem inferiores nas discussões porque não dominam a arte da argumentação como os homens. Mas elas deveriam confiar em sua intuição, como Miriam o fez. As mulheres sentem muito mais se o que alguém está dizendo é verdade, se emana bênçãos ou desastres, calor ou frio, clareza ou interesse. Os homens frequentemente não vão direto ao assunto. Eles se enchem de argumentos, com os quais escondem suas verdadeiras intenções. As mulheres conhecem as intenções dessas ações.

Com isso as mulheres precisam de coragem para fixar-se em sua força interior e viver dela. Não podemos esperar que os homens façam aquilo que nós devemos fazer por nós mesmas. Apenas quando ouvirmos nossos sentimentos e os levarmos em consideração seremos ouvidas e levadas em consideração pelos homens. Podemos aprender com Miriam a acreditar na profetisa que vive em nós; a estarmos atentas à nossa intuição e a interpretar o que vemos de forma a corresponder ao nosso pressentimento e visão interiores.

O profeta tem sempre uma tarefa social: ele critica as posturas dominantes e proclama o que Deus quer do povo e o que leva os homens a viver. Essa é uma tarefa política, que a faceta profetisa cumpre.

Janne Haaland Matlary é uma política, ela foi a vice-chanceler da Noruega. Ela incita as mulheres a se engajarem mais fortemente na política, pois elas veem mais do que os homens, além de serem mais voltadas ao entendimento do que à confrontação. Mas, ao mesmo tempo, Matlary lamenta que as mulheres engajadas na política sejam pressionadas em estruturas masculinas. Dificilmente elas conseguem conciliar sua atividade com a maternidade e a família. Muitas mulheres se curvaram à estrutura masculina na política e não fizeram a típica política feminina. Assim, Matlary reivindica que as mulheres na política apresentem aquilo que elas, como mulheres, têm a oferecer: "Fazer política à maneira da mulher pode significar: dedicar-se à construção da paz e à solução de conflitos diferentemente do homem; escolher meios diferentes da violência e da guerra na resolução de conflitos e, assim, promover valores de afirmação da vida em um sentido profundo" (MATLARY, 2001: 57). Ela afirma que, como as mulheres são constantemente lembradas por seus filhos, que não são o centro do universo, elas apresentam "realismo e humildade na esfera pública" (MATLARY, 2001: 58). As mulheres deveriam apresentar sua competência social à política. Matlary acredita "que as mulheres são, potencialmente, os melhores políticos. Estamos habituadas a restabelecer a paz e resolver problemas apenas com base em nossas experiências diárias com nossos filhos (e maridos!), e não temos oportunidade de nos ocuparmos o tempo todo somente com nós mesmas" (MATLARY, 2001: 60). Assim, ela convida as mulheres a deslocar as questões sociais para o centro, dar à economia um tom mais humano e propor possibilidades pacíficas à solução de conflitos. "Nós queremos estabelecer e excluir o significado violento do fator humano, para que a dignidade humana esteja no centro de toda política. Eu não defendo que este programa seja desconhecido dos homens, mas eu acredito que as mulheres têm dons especiais para avançar com ele" (MATLARY, 2001: 61).

Anselm: O que significa para você o arquétipo da profetisa? Como você a vivencia?

Linda: *Até então eu havia me ocupado pouco com a profetisa Miriam. Mas, quando li suas reflexões sobre ela, senti que a reconheço como uma boa parte da minha feminilidade. Expressá-la me trouxe, algumas vezes, incompreensão, principalmente quando eu discutia com homens racionais. Muitos homens não queriam abandonar a postura não só de não ouvir as palavras ditas, como também de conectá-las ao que eu sentia. Nessas situações, muitas vezes me deparo com a seguinte frase: "Não é possível ver dessa maneira". Mas eu confio nessa força, ela é a intuição para o que há de mais profundo em mim e isso me ajuda a direcionar meu olhar ao que é maior do que aquilo que vejo. Se os outros se contagiam disso, é escolha deles.*

Ter a profetisa em mim faz bem. Sua forma de ver e de sentir abre meus olhos para o que é mais profundo.

12

RUTE
A estrangeira

Frequentemente as mulheres se sentem estrangeiras no mundo. Elas conhecem sua dupla gênese e preservam a intuição de que vêm de outro mundo. Para os homens, as mulheres mantêm sua essência impenetrável, que elas não compreendem, e que permanece estranha também a eles, apesar da proximidade e de sua fascinação. O estrangeiro é uma imagem arquetípica. Quando as mulheres lidam com essa imagem, entendem-se melhor e aprendem a se posicionar. Elas não necessitam se desculpar, dizendo que vêm de um mundo diferente do que vivem. Essas mulheres são gratas pelo segredo que nasceu nelas, aquilo que é estranho, desconhecido, indescritível. Isso forma sua grandeza.

Na Bíblia, Rute corresponde ao arquétipo do estrangeiro. Rute é uma mulher moabita, ou seja, uma estrangeira. Por intermédio de Mateus, ela também pertence à árvore genealógica de Jesus, e é uma das quatro mulheres do Antigo Testamento que deu à luz uma criança de maneira excepcional e entrou na árvore genealógica como estrangeira.

A história de Rute é contada rapidamente: um israelense chamado Elimeleque emigrou com sua mulher Noemi, de Belém, porque em sua terra imperava a fome. Ele se muda para a terra dos moabitas. Lá, seus dois filhos se casam com mulheres moabitas. Ambos morrem, assim como Elimeleque. A viúva Noemi deseja voltar para sua terra natal, Belém, e sugere a suas noras que voltem para suas famílias. Mas as duas mulheres querem seguir com ela. Diante da insistência de Noemi, Orpa decide voltar e ir para casa. Ela só acompanha as mulheres até a fronteira, porque é até onde sua possibilidade lhe permite. Mas Rute atravessa a fronteira e se abre para as novas possibilidades. Ela não se afasta de Noemi e diz: "onde você for, lá também vou eu, e onde você ficar, lá fico eu também. Seu povo é meu povo, e seu Deus é o meu Deus. Onde você morrer, também morrerei eu, lá eu quero ser enterrada" (Rt 1,16). Ela segue no desconhecido e se apresenta como estrangeira. Lá, em terras estrangeiras, ela deseja ser enterrada. E mesmo quando ela se sente próxima de sua sogra e está pronta para abandonar sua tradição religiosa, ainda assim ela permanece estrangeira.

As duas mulheres vêm para Belém. Lá vive um parente delas, Booz. Ele era seu possível libertador e isso lhe dava o direito e a responsabilidade de se casar com sua cunhada. Rute vai ao campo de Booz para colher espigas, como era o direito dos pobres em Israel.

Booz é gentil e generoso, e Rute conta a Noemi sua experiência. Ela esclarece a Noemi que Booz é seu libertador e que se deitou a seus pés, quando ele se deitou para dormir depois da debulha da cevada. Quando ele se levantou, perguntou: "Quem é você? Ao que ela respondeu: Eu sou Rute, sua serva. Estenda a sua capa sobre sua serva, porque você é o remidor" (Rt 3,9). Booz está pronto, mas há ainda outro parente que tem o direito de libertá-la antes de Booz. Então, Booz negocia com ele na entrada da cidade. Como o parente renuncia ao seu direito, Booz convida Rute para vir com ele e ela fica grávida. Ela dá a ele um filho, de nome Obed. Ele é o pai de Isaías, que era o pai de Davi. Assim, Rute, a estrangeira, é uma antepassada de Davi e pertence à genealogia de Jesus.

A imagem arquetípica da estrangeira sempre carregou algo de misterioso porque representa o desconhecido. Ela vem de outro mundo, de outra cultura. E, ao final, ela vem de outra dimensão. Na tradição cristã, encontramos Santa Bárbara, estrangeira em seu nome: os romanos chamavam os estrangeiros de bárbaros. Na Alemanha, a palavra se tornou um palavrão. Mas Bárbara vem, na verdade, do mundo de Deus. Ela é uma estranha na Terra e seu pai não consegue suportar o diferente nela. Então, ele a prende na torre, esperando que ela se desenvolva da maneira como ele imaginou. Ele quer forçá-la a ser o que ele deseja. Bárbara, porém, não só é diferente como também não se encaixa no que foi imaginado por seu pai. Ela vive aquilo que está dentro dela, mesmo quando seu pai não a compreende. Ela tem seus próprios pensamentos. Trancada na torre, ela conversa com filósofos que convida para estarem com ela. Poder-se-ia dizer que Bárbara dialoga com sua própria sabedoria, ela não limita seus pensamentos. E, ao refletir, decide tornar-se cristã, contra o desejo de seu pai. As mulheres conhecem a situação de não se encaixarem nos padrões de pensamento de suas famílias ou da sociedade. Nesses casos, elas são frequentemente vistas como histéricas ou complicadas. É preciso muita autoconfiança para se posicionar, mesmo quando aos olhos dos demais essa postura parece estranha. E Bárbara tinha essa coragem. Ela se permitiu pensar por si própria e desenvolver seu próprio conceito de vida.

Assim como Bárbara, Rute também representa a mulher diferente, que incorpora algo que não sabemos classificar. Na Antiguidade, o estrangeiro sempre foi visto como algo estranho: ele era tanto temido quanto admirado. Esperava-se que ele dissesse algo que jamais havia sido dito. A ele era atribuída a sabedoria desconhecida, habilidades que não se pode controlar. Por vezes, está ligada a ele a imagem da feiticeira, que pode encantar tudo ou, no sentido negativo, enfeitiçar tudo. Nos contos de fada, a bruxa acabou recebendo um sentido negativo, mas tem também uma imagem positiva: as bruxas têm habilidades especiais.

Na Idade Média as bruxas eram temidas. Na caçada às bruxas, muitas mulheres viram como os homens, por medo do desconhecido, as satanizaram e as acusaram de bruxas para poderem matá-las. É uma monstruosidade na história da Igreja que padres e monges tenham participado ativamente da caça às bruxas. Por fim, eles quiseram destruir a essência desconhecida e estranha da mulher na imagem da bruxa, para não terem mais de lidar com a mulher. Mas isso acabou levando ao embrutecimento e à destruição dos costumes.

Uma mulher que vai para o desconhecido deve ser capaz de viver por si só. Em primeiro lugar, ela deve suportar a ideia de não conhecer e não ser conhecida por ninguém. Ela deve ser capaz de se manter, porque no início ela não tem como fugir da situação, procurando um vizinho ou um amigo. Nesse momento, a mulher necessita especialmente de sensibilidade para o seu valor interior. Do contrário, ela não consegue se posicionar e se sente perdida. Nessas situaçõs, ela sente mais do que nunca seu desejo de proximidade e contato. E é justamente a partir desse sentimento que ela encontra forças para se abrir e fazer contato com pessoas até então desconhecidas. Algumas mulheres contam que se sentiram curiosas e muito abertas, outras se sentem sensíveis porque veem com temor como os outros reagem à presença delas. Mas é justamente aí que elas podem crescer e tornar o seu valor independente da reação dos outros. Na decisão de viver em um lugar novo também está a chance de se libertar de complexos antigos e de se relacionar de maneira nova com as pessoas. As pessoas também transmitem sua liberdade interior quando são capazes de se relacionar com estranhos sem preconceitos. Eles deixam que os outros sejam como são: livres de avaliações limitadoras. Com isso, percebem que serão recompensados: eles podem tomar das pessoas aquilo que falta neles e dar às pessoas aquilo que têm.

Mulheres que vivem conscientemente seu lado estrangeiro são um enriquecimento para nosso mundo. Elas trazem algo novo ao mundo: novas ideias, novos paradigmas, novos comportamentos.

As mulheres experimentam certa estranheza também onde há pouco espaço para o feminino. Cada vez mais mulheres não se sentem confortáveis com sua expressão feminina na Igreja e sentem que devem se encaixar ao masculino. Muitas delas se despedem silenciosamente, outras gostariam de mostrar sua vitalidade feminina. Elas não querem tomar nada dos homens, elas querem estabelecer o feminino para somar e viver bem em comunidade.

A Igreja foi, durante muito tempo, uma instituição para homens, apesar de um grande número de mulheres irem à igreja e se engajarem. É, sem dúvida, um grande desafio para o futuro que as mulheres tragam seus dons para a Igreja de maneira mais confiante, e que os homens não se defendam disso. Somente assim será possível haver a união entre homens e mulheres na Igreja. No princípio, na sucessão de Jesus, a Igreja não questionou o estabelecimento de atividades importantes para a mulher na paróquia. As mulheres eram coordenadoras de comunidades, diaconisas e missionárias. Somente mais tarde tomou-se o sistema romano de estrutura patriarcal.

As mulheres se sentem fascinadas por culturas diferentes. O que é estranho a elas as atrai. Elas querem conhecer algo daquilo que é diferente. Nossa tia, a irmã de nossa mãe, sempre foi muito sociável. Uma vez, ao vir nos visitar, sentou-se ao lado de um turco no trem. Até chegar a nossa cidade já sabia tudo sobre a vida dele. Tudo interessava a ela: como ele cresceu; como era sua família; qual a profissão dele; como ele comemorava as festas; qual a relação com seus filhos. O diferente a fascinava muito. Ela não tinha medo da aproximação com outros indivíduos e nos contou calorosamente essa história do trem e sobre sua confiança com o estrangeiro.

Nossa irmã mais velha viveu durante anos na França, na Espanha e na Itália. Lá, nesses ambientes até então desconhecidos para ela, fez grandes amigos. Com frequência, eles vinham visitá-la em nossa casa e nossa mãe conversava bastante com eles. Nós, crianças, acabávamos sempre reclamando: "Ah, essa é a típica curiosidade feminina". Mas era mais do que isso. Era o interesse por pessoas reais, por aquilo que era diferente à primeira vista. Ela queria conhecer o diferente, como os estrangeiros viviam e o que pensavam. E não havia nenhum tipo de comparação com o que era melhor; era apenas um interesse declarado pelo que é diferente, para se deixar enriquecer com ele.

Algumas vezes é preciso, de fato, ir ao desconhecido para encontrar novamente sua verdadeira natureza interior. Com a excessiva adaptação ou as condições restritivas de vida é possível se perder. Nossa irmã encontrou novamente sua verdadeira natureza nos países em que ela viveu. O desconhecido pode se tornar aquilo que nos é próprio. Ela também sentiu que era importante para aqueles com quem conviveu lá.

Ao mesmo tempo, o desconhecido é também a busca. As mulheres buscam hoje sua identidade verdadeira. Elas sentem que não devem simplesmente seguir o padrão de pensamento dos homens e estão no caminho da busca por sua própria identidade. Nisso, muitas feministas buscaram sua identidade em oposição aos homens, mas eram, ao mesmo tempo, dependentes deles.

Atualmente, muitas mulheres buscam sua verdadeira identidade com maior liberdade. As mulheres frequentemente buscam, já no meio da vida, o que as importa mais profundamente: buscam a verdade e sua autenticidade. Muitos homens desvalorizam a busca das mulheres. Eles querem engessá-las da maneira que corresponde às suas ideias e as acusam de terem se transformado em pessoas diferentes daquelas com quem se casaram.

A busca das mulheres deixa os homens inseguros. Eles preferem permanecer nas condições iniciais. Principalmente os homens, que no momento do casamento eram os mais fortes e deram força à sua mulher, têm dificuldades em aceitar que a mulher se coloca no caminho da busca e não aceita mais as coisas como eram antes. Eles preferem manter suas mulheres como eram antes e não aceitam seu desenvolvimento, porque, dessa maneira, também teriam de fazer sua própria busca. E isso dá medo aos homens.

As mulheres que seguem buscando colocam também a relação com o homem em movimento. Elas não ficam satisfeitas com o antigo. Apesar de as mulheres terem algo de protetor, elas também entendem dessa busca. Elas não querem estacionar em seu desenvolvimento: querem se sentir vivas e enriquecer, com isso, seu relacionamento. Como entram em contato com seu mundo de sentimentos, elas buscam coerência interior e, assim, desafiam os homens a buscar também sua verdade.

Anselm: Onde você já se sentiu estrangeira?

Linda: *Sempre que, por conta do trabalho do meu marido, eu tinha que viver em uma nova localidade, a* *princípio eu era a estrangeira. Sempre foi um desafio para eu posicionar-me como a diferente, mas essa situação também me levou ao meu limite. Tornar-me confiável em um lugar desconhecido e descobrir coisas novas tem algo de aventureiro para mim.*

Por vezes também era confortável me sentir anônima, mas, depois de um tempo, eu sempre sentia o impulso de me abrir novamente para as pessoas. Eu sempre tive a certeza da busca por aquilo que as pessoas expressavam por meio de sua forma de vida e o que eu tinha vontade de desenvolver. Eu vejo como um grande enriquecimento sentir repetidamente como pessoas desconhecidas se tornam de confiança e próximas. E essa experiência me toca profundamente. Sempre valeu a pena passar pela experiência de ser um estrangeiro.

13

SARA
A sorridente

Na Antiguidade, as mulheres eram frequentemente representadas como mulheres sorridentes. O sorriso de uma deusa é uma imagem arquetípica. Ele mostra que ela está acima das coisas e que o mundo não pode fazer mal a ela. A deusa vive em outra realidade.

Todas as mulheres gostam de rir. No arquétipo da sorridente elas se reencontram. No seu riso, entram em contato com a deusa, que não se perde nesse mundo. Ao invés disso, guarda sua distância sobre ele e por isso mesmo é capaz de rir.

Na Bíblia, Sara incorpora a imagem da sorridente. O livro do Gênesis nos conta sua história: Sara é uma linda mulher, esposa de Abraão. Quando eles se mudam para o Egito, para sobreviver à fome em sua própria terra, Abraão diz a ela: "Eu sei, você é uma linda mulher. Quando os egípcios a virem, vão dizer: essa é a mulher dele! E eles me espancarão até a morte, mas a deixarão viver. Diga que você é minha irmã para que eu fique bem e continue vivendo por sua causa" (Gn 12,12-13). Abraão se sente em perigo ao lado de uma mulher tão bonita porque ela despertará a inveja dos homens. E isso poderia levar a sua morte. A situação, contada no livro de Gênesis, também é atual. Não estamos falando de cenas de ciúmes, nas quais o amante de uma mulher mata seu marido para possuí-la – esses casos são exceções. Mas ainda existem homens hoje em dia que usam suas mulheres para se gabarem delas. Esses homens precisam de suas mulheres para brilhar em público.

A história de Abraão nos leva a pensar em outro aspecto da relação homem-mulher. Os homens se sentem em desvantagem em alguns tipos de trabalho. Eles se sentem inferiores às mulheres que, com sua maneira de ser, acabam tendo vantagem. Um psiquiatra contou que se sentia inferior às suas colegas de trabalho. Com todo o seu charme, elas impunham todos os seus desejos ao chefe e ele, ao contrário, precisava brigar por suas vontades. E, com frequência, perdia.

Abraão usa a beleza de sua mulher para obter vantagens para si. O faraó mantém Sara em seu palácio e, por causa dela, trata Abraão bem (Gn 12,16). O faraó dá a ele ovelhas e bois, servos e servas. Mas então surge a infelicidade na casa do faraó. Ele percebe que Sara tem algo com Abraão e, quando finalmente descobre que Abraão apresentou sua mulher como sua irmã, faz essas violentas acusações: "por que você afirmou que ela era sua irmã? Para que eu a tomasse como minha mulher? Agora você a tem de novo. Pegue-a e parta!" (Gn 12,19).

Quando um homem quer compensar a inferioridade diante de sua mulher e a usa, o mal sempre acontece. Isso não faz bem a nenhum dos dois. Os homens devem aprender a respeitar a beleza de suas mulheres sem tratá-las como posse ou usá-las em benefício próprio.

Sara é estéril. Um dia, o próprio Deus visita Abraão. Abraão se prostra diante dos três homens com os quais Deus o encontra, e os convida para comer. Sara está na tenda. Ele corre até ela e pede que prepare tudo o que os convidados quiserem. E os homens perguntam a ele: "Onde está Sara, sua mulher? Lá dentro, na tenda, ele responde. Então, o Senhor diz: em um ano virei até você novamente e, então, sua mulher terá um filho. Sara ouve, na entrada da tenda, atrás dele" (Gn 18,9-10).

Sara reage a esse anúncio com um sorriso, mas não se trata de uma risada alta. Na verdade, ela riu "em silêncio, consigo, e pensou: "eu já sou velha e passada. Eu ainda terei a chance de viver o amor? O meu senhor também já é velho!" (Gn 18,12). Deus ouve o riso de Sara e pergunta a Abraão: "Por que Sara ri e diz 'será que eu ainda posso ter filhos, apesar de já ser velha?' Algo é impossível ao Senhor?" (Gn 18,13). Sara fica sem graça por ter sido pega rindo. E contesta: "'Eu não ri'. Sara fica com medo. Mas Ele diz: Sim, você riu" (Gn 18,15).

O riso de Sara pode ter significados diferentes. Do texto pode-se interpretá-lo como um riso de descrença. Sara não acredita na promessa porque não consegue imaginar que, na sua idade, ela ainda poderá viver o amor. É interessante que o texto, aqui, não coloque a questão biológica da maternidade e, ao invés disso, fale da felicidade e do amor. Para nós é menos um riso de dúvida e mais um riso sobre a possibilidade real do amor e da felicidade. Nesse momento, Sara percebe o que se esconde nela.

E ao mesmo tempo ela reflete: é bom demais para ser verdade... No riso se esconde sempre um sentimento de inferioridade sobre as coisas. Rir é uma maneira de se erguer sobre as coisas ao invés de se deixar cair. O riso é a expressão da alegria, do sentido positivo de ser.

A própria Sara dirá, por conta do nascimento de Isaac, que o seu riso não é apenas um riso de descrença, mas sim um riso presenteado por Deus. "Deus me fez rir; cada um que ouvir sobre isso rirá também comigo. Quem se atreveria a dizer a Abraão que Sara ainda teria filhos? E ainda assim eu tive um filho dele apesar de sua idade" (Gn 21,6). Nesse trecho fica claro que seu riso é o riso presenteado por Deus, um riso de alegria, um riso de esperança. No nascimento de seu filho, o nascimento supera a morte, a esperança supera a dúvida, a alegria supera a tristeza. Sara entende seu riso como uma manifestação da crença de que Deus pode transformar qualquer situação, que Deus torna o estéril fecundo.

Eu fiquei bastante admirada por Anselm destacar a imagem "sorridente" de Sara. Tudo o que eu havia lido até então sobre Sara relacionava-se à sua infertilidade. Agradou-me imediatamente direcionar meu olhar para o sorriso de Sara e vê-lo como expressão de felicidade e de leveza para as mulheres.

Quando as mulheres se escondem atrás de uma situação dolorosa ou têm muitas responsabilidades a serem superadas, esquecem-se rapidamente da mulher sorridente que podem ser. Elas se sentem tensas e infelizes e não encontram mais a saída para seu lado descontraído. Mas, ao viverem novamente uma situação engraçada, sentem imediatamente como essa energia faz falta. Elas percebem que essa energia positiva desfaz sua tensão e que recebem novamente uma sensação de alegria e ânimo. Tudo parece mais leve, o riso retoma seu equilíbrio. Ele a fortalece no sentimento de que solucionará a situação de alguma maneira.

Antigamente, no Japão, a deusa da dança e da alegria era reverenciada na religião Shinto. Essa deusa exibia uma dança descontraída nos templos, que levava as outras deusas ao riso. Curiosa por ouvir os risos, a deusa do sol saiu de sua caverna, onde havia se recolhido por conta de sua aflição. Desde então, o riso foi festejado como a retomada da luz e da vida.

Mulheres que voltaram a sorrir depois de viverem uma fase muito dura entendem bem que a luz e a vida voltaram para a deusa do sol. Elas se sentem vivas de uma nova maneira depois disso, porque elas percebem novamente o que significa encontrar a felicidade.

Certamente foi assim que Sara se sentiu quando Deus prometeu que ela poderia esperar por uma nova vida. Muitas mulheres vivem fases em suas vidas em que nada parece se mover e as quais devem suportar. É como um período de seca: nada parece crescer; nada novo acontece. Essa situação pode parecer sem esperança: muitas mulheres se sentem abandonadas pela vida. E, de repente, surge um sinal de que uma mudança positiva se aproxima. De uma vez, surge a esperança de que algo novo na vida virá. Isso faz a mulher rir novamente: ela está novamente aberta para o riso, assim como Sara.

As mulheres riem intensamente. O riso é sua maneira de mostrar sua superioridade sobre as coisas da vida. Nós também percebemos isso em nossa família: nosso pai tinha uma loja de eletrônicos. Depois da guerra, a loja foi alocada dentro de nossa casa. E inúmeras vezes a campainha tocava enquanto almoçávamos. Os clientes diziam que nós estávamos sempre lá, e meu pai ficava nervoso com essa perturbação. Nossas duas irmãs mais novas sempre imitavam o cliente quando a campainha tocava e a família toda ria. Meu pai também acabava rindo involuntariamente. Mas algumas vezes isso era demais para ele: rir de outra pessoa contradizia sua moral. Minhas irmãs, todavia, não estavam julgando ninguém, elas apenas riam. E, no momento em que elas riam de um cliente que atrapalhava nossa refeição, transformavam a situação de perturbação em diversão e leveza.

O que minhas irmãs faziam instintivamente na infância é uma capacidade de muitas mulheres. Quando contam histórias do seu dia a dia, muitas vezes dão gargalhadas. E nessas gargalhadas esconde-se uma força enorme, que ninguém pode negar. Essa é a maneira com a qual as mulheres se elevam sobre coisas e pessoas que querem controlá-las: sentindo uma superioridade interior e experimentando, assim, a liberdade. O riso liberta da queixa e das preocupações do dia a dia. O banal e cotidiano se tornam a ocasião do riso. Com isso, a aflição fica para trás.

Quando nossa mãe se reunia com suas três irmãs, elas riam muito. Elas contavam umas às outras o que tinham vivido e os menores acontecimentos eram apresentados de modo que ganhavam um significado especial. Sempre elas gargalhavam com a situação no final. Todas eram contagiadas pelo riso e nós sempre nos sentíamos muito bem com elas, que irradiavam um gosto, particularmente feminino, pela vida. No dia seguinte, as mulheres contavam que até choraram de tanto rir e isso já era uma nova ocasião para rir. Elas buscavam conscientemente o riso, a leveza; elas tentavam não se apegar aos seus problemas e preocupações. Não importava quão dura a vida era; elas mantinham o riso e não se deixavam pressionar pelas dificuldades da vida. O riso sempre as ajudou a expressar sua leveza.

Quando as mulheres gargalham juntas em um encontro, vão para casa fortalecidas. Talvez elas não tenham desenvolvido nenhuma estratégia de como resolver seus problemas do dia a dia, mas certamente sentiram uma leveza que as acompanhará ao longo do dia. Elas não se deixarão pressionar por aquilo que as desafia diariamente: elas levarão as situações com mais humor.

Mulheres solitárias que experimentam como são capazes de rir das situações com outras mulheres sentem como essa experiência quebra sua solidão. O riso conjunto as coloca de novo em contato com a vida e mostra o que é ter alegria de viver e olhar adiante. Em geral, as mulheres riem de si mesmas, principalmente de suas inadequações e de acontecimentos estranhos com outras pessoas. Toda mulher é capaz de se reencontrar naquilo já vivido e se sentir conectada com outras mulheres. O riso coletivo funciona como o fogo para as mulheres, fogo pelo qual elas se aquecem.

Não existe apenas o riso "ecoante" das mulheres, mas também o riso silencioso, como o de Sara. As mulheres são capazes de espalhar uma atmosfera de leveza e amizade: elas riem para o cliente que entra na loja; têm um riso no rosto quando entram no escritório; cumprimentam com um sorriso. Um homem que passou alguns dias em nossa pousada, acometido de um infarto e com depressão, contou-nos como ele ficava contente ao conversar com a simpática vendedora ao fazer suas compras. Ela simplesmente ria para ele. Seu gesto era tão convidativo e as conversas resultavam, ao mesmo tempo, em liberdade e leveza, o que fazia bem a ele.

É, sem dúvida, uma capacidade especial que caracteriza muitas mulheres: elas relatam histórias descontraídas e riem. Elas não espalham uma alegria artificial. Ao contrário, geram uma atmosfera de simpatia, leveza e aprovação à vida. Talvez este seja um lado maternal: o consentimento ao ser, a alegria em estar presente, a leveza interior de deixar algo crescer sem que seja preciso fazer tudo sozinha.

Em muitas rodas, depois de palestras e seminários, eu percebi que as mulheres riem diferentemente dos homens. Os homens frequentemente contam piadas sobre as quais riem juntos. E, muitas vezes, as piadas acontecem às custas de alguém. Em rodas masculinas é comum ouvir piadas sobre mulheres. O riso tem algo de agressivo e também de artificial. As mulheres, ao contrário, não precisam desse tipo de piada para rirem, porque riem da realidade da vida: elas percebem as situações e riem. Ao reconhecer o que é aflitivo em uma situação, elas são capazes de se posicionar.

Assim, o riso conecta as mulheres de alguma maneira. "O pleno desenvolvimento do riso acontece apenas em comunhão com outras pessoas que riem conjuntamente" (PLESSNER, 1941: 157). As mulheres gostam de rir juntas. Seu riso contagia e cria comunhão. Mas, naturalmente, existem outras formas de riso. Eu, por exemplo, conheço uma mulher que se sente diminuída e desesperada, mas que, na mesa, age como uma piadista. Todos ao redor riem. Mas, para ela, esse gesto não era libertador, mas sim um tipo de afastamento de seu desespero. Ela se protegia de ter de se mostrar como era. Assim, ela fazia uso do riso como defesa para que ninguém se aproximasse dela.

Uma mulher relatou em um seminário que passou um final de semana com outras mulheres em que riam o tempo todo. Mas esse riso era demais para ela. Na verdade, o riso excessivo pode parecer compulsivo, não é natural e pode ser também desconfortável. A alegria solta é espontânea, libertadora e revigorante. E esse riso pode levar a conversas sensíveis e sérias.

Este é mais um exemplo de uma linda forma de sorriso feminino: mães riem para seus filhos quando eles despertam de manhã. Elas sorriem quando sentem dor, mas não sabem se devem chorar. Essas mulheres aprenderam a usar seu sorriso como um meio de cura.

Mas, assim como podem rir, as mulheres também choram. Elas não escondem a dor, mas a expressam mais levemente que os homens. Rir é, para muitas mulheres, um caminho para reagir às experiências do cotidiano. Elas não se deixam definir por experiências ruins. Ao rirem, conseguem alcançar uma distância saudável dessas experiências. Não levam o cotidiano tão a sério e não se irritam tão facilmente quanto os homens. Quando riem, elas superam o seu dia a dia e trazem ao mediano e ao banal um sopro de alegria e leveza.

Em sua expressão espiritual, as mulheres também podem viver a alegria espontânea. Em um seminário com mulheres, pla-

nejei uma festa meditativa para a noite. Como era uma noite quente de junho e época de morangos, tive a ideia de colocar no centro da roda um prato de morangos ao invés de pão. Dessa vez, então, as mulheres dividiram morangos maduros umas com as outras e passaram, com isso, alegria de viver, gerando uma alegria solta, descontraída. Com um riso alegre e caloroso, cada uma foi contagiando a outra e todas sentiram que o sacro não deve ser sério. O riso também tem algo de santo.

No nosso cotidiano faria bem a todos se vivêssemos mais a força do riso feminino. Essa força pode transformar uma situação em leveza. O nosso humor pode mostrar o outro lado de situações de impasse, o que pode ser libertador para todos. Depende apenas de nós: se mostramos esse dom que pode levar a uma nova vivacidade ou se nos contemos. Quando, em meio a uma situação difícil, pudermos trazer a leveza, todos ganham em confiança e descontração.

Anselm: Você sempre gostou de rir quando criança. E na loja do nosso pai muitas vezes você ria sem parar. O que o arquétipo da sorridente te diz? Como você vivencia o seu próprio riso?

Linda: *Rir sempre fez parte da nossa família, o que partia muito da nossa mãe, que gostava de rir e levava o bom humor para toda a família. A razão disso eram as pequenas dificuldades ou situações estranhas que nos faziam rir e que contagiavam a todos.*

Eu mesma, junto com minha irmã mais nova, tinha o papel da "mais nova" e havia, naturalmente, as brincadeiras dos mais velhos. Mas não costumávamos ficar chateadas com o fato por muito tempo porque, juntas, sempre encontrávamos algo para rir e, com isso, nos sentíamos fortes diante de nossos irmãos. A chateação nunca dura muito diante do entusiasmo infantil para a vida.

Quando, mais tarde, trabalhei na loja do nosso pai com outros dois irmãos, muitas vezes esse universo masculino me parecia seco e sério. Sempre havia muito que fazer, e a alegria me tornava mais leve. Na vida empresarial sempre houve, para mim, oportunidades para rir de algo. Meu pai dizia sempre que eu não levava a vida muito a sério, mas acabava rindo das situações também.

Claro que a vida não foi sempre fácil; houve momentos em que eu não tinha esse riso libertador. Nessas situações, eu desejava poder rir de verdade e cada vez mais foi ficando claro que dependia de mim a busca por esse riso. Sempre me trouxe leveza não levar tudo tão a sério. Nesses três anos da minha vida em Allgäu sempre encontrei esse riso saudável junto com outras mulheres e aprendi a valorizá-lo como uma força importante das mulheres.

O que eu antigamente sentia quando jovem ganhou novo significado para mim quando mais velha: eu tenho a chance de escolher, sempre, como reajo às situações e às pessoas. Chatear-se com alguém é uma sensação natural, mas eu posso escolher se me deixo envolver por esse sentimento ou se resolvo a situação com humor.

Por intermédio da imagem de Sara, podemos redescobrir a mulher sorridente em nós, além de nos fortalecermos ao expressarmos nosso entusiasmo pela vida.

14

TAMAR
A fera

O arquétipo da fera gera um eco duvidoso nas mulheres nos dias de hoje. Algumas se sentem fascinadas por essa imagem enquanto outras a rejeitam por acreditarem que ela não as representa.

Muitas mulheres sentem, no entanto, que prefeririam poder libertar o lado selvagem que têm com o intuito de sair da imagem que a sociedade – muitas vezes representada pelos homens – estabeleceu para elas. A fera as coloca em contato com sua força natural, com a fonte que vive nelas. Assim como o homem selvagem está em contato com a natureza e sua força, a imagem da mulher selvagem mostra o potencial indomado que se esconde em cada mulher. É a força da natureza, a força que foi inicialmente descrita em muitas deusas.

A fera não se deixa determinar pelo exterior. Ela vive de seu interior. Não se encaixa às normas prescritas, mas vive de acordo com suas próprias medidas. E tem um sentido para aquilo que leva à vida e para aquilo que a impede de viver.

Na Bíblia, a mulher fera é representada pela cananeia Tamar. Mateus, o evangelista, registrou Tamar, não judia, na genealogia de Jesus: ela tem origem no povo pré-israelita. Teve dois filhos com Judá, o fundador da mais importante linhagem depois de Davi.

A história da família do pai de Judá não é particularmente louvável. Judá perde seus familiares e busca uma mulher em outro povo. Ao ver Shua, a irmã de um cananeu, ele a toma como mulher. Eles têm dois filhos: Er e Onã. Para eles, Judá busca mulheres cananeias: para o primeiro, ele escolhe Tamar, mas como o jovem fez o mal, Deus o deixou morrer.

Naquele tempo, nessa situação, a mulher viúva deveria engravidar do seu cunhado. Assim, Tamar e Onã deveriam dormir juntos, e o primeiro filho dessa união entre cunhados seria conhecido como o filho do falecido. Assim, Judá obriga Onã a procurar Tamar para ter filhos com ela no lugar de seu irmão morto. Onã fingia ter cumprido sua obrigação, mas, na verdade, "derramava o sêmen na terra para não dar descendência a seu irmão" (Gn 38,9). E, por isso, Deus também o matou.

Sem dúvida, Judá teve muito medo e, ao invés de oferecê-la ao seu terceiro filho, mandou-a de volta para a casa de seu pai. Ele a expulsou e, embora tenha prometido que levaria seu filho Selá a Tamar quando ele estivesse grande, Judá não cumpriu sua promessa.

Ao mandar Tamar de volta para casa, Judá não reconhece o papel dela na sociedade daquele tempo. "Porque uma viúva que vive na casa de seus pais tem pouquíssima chance de participar plenamente da vida familiar e em sociedade" (WALTER, 1986: 13).

Nessa situação, é a própria Tamar que ajuda a si mesma e recorre a uma estratégia: ela se veste de prostituta e se posiciona na entrada da cidade. Judá tinha de passar ali quando ia para a negociação de ovelhas. "Ao vê-la, Judá a teve por uma prostituta; ela tinha coberto o seu rosto. Então, ele alterou seu caminho, passou por ela e disse: Deixe-me te possuir!" (Gn 38,15-16). Tamar pergunta pelo pagamento e Judá promete a ela um cabrito. Mas ela queria ter uma garantia e exige dele o anel, o cordão e seu cajado. Judá dá o que lhe foi pedido, dorme com ela e segue seu caminho. Alguns dias depois ele envia um amigo para que pague a prostituta com o cabrito, mas o amigo não encontra a prostituta em parte alguma. Não havia nenhuma prostituta naquela região.

"Quase três meses depois, avisaram Judá: Tamar, sua nora, deitou-se com alguém e está grávida. Então disse Judá: traga-a para fora! Ela deve ser queimada!" (Gn, 38,24). Quando trouxeram Tamar, grávida, Judá vê nas mãos de sua nora o cajado, o cordão e o anel. Então, ela diz: "Estou grávida do homem a quem pertencem essas coisas" (Gn 38,25). E Judá reconheceu: "ela é mais justa que eu, porque não dei a ela meu filho Selá" (Gn 38,26). Tamar dá à luz os gêmeos Perez e Zerá.

Na verdade, Tamar significa "tamareira". A tamareira é, na Antiga Israel, o símbolo da vida. E Judá nega que Tamar dê vida. Dela nada pode florescer porque Judá a manda de volta para seu pai. Certamente Judá tem medo de que ela leve seu terceiro filho à morte.

Medos antigos e padrões de reação são mostrados nessa antiga narrativa. Lá está o medo do homem perante a mulher. Sigmund Freud fala do medo que o homem tem de ser engolido pela mulher. E essa é a típica reação masculina: mandar a mulher embora. Ele se coloca como o mais forte, mas, imediatamente, Judá precisa da mulher para viver sua sexualidade. Então ele vai até ela, acreditando que Tamar fosse uma prostituta. Nessa história, a Bíblia renuncia à moral e apresenta apenas os fatos: Judá precisa reconhecer que a mulher está certa.

Tamar é uma mulher muito autoconfiante, que cria uma estratégia diante de sua necessidade. A estratégia é sempre o meio do que se mostra mais fraco. Na estratégia, a mulher torna ridículas as relações de poder existentes e as expõe a todos. Judá se sente desonrado. Quando seu amigo não consegue encontrar a prostituta, ele diz: "Deixe-a ficar com meus pertences! Desde que não riam de nós!" (Gn 38,23). Ele se sente ridicularizado e quer sair da situação como se nada tivesse acontecido. Mas ele precisa se confrontar com sua conduta. Ao querer se posicionar acima de sua nora no julgamento, não resta nada a ele além de dizer: "ela tem razão e eu estou errado". Tamar usou seu corpo para restabelecer seu direito enquanto mulher, e ela o conseguiu.

Thomas Mann dedicou grande atenção a Tamar em seu livro *José e seus irmãos*. O autor nomeia Tamar a "'determinada', que faz de tudo, custe o que custar, para participar na história do mundo com ajuda de sua feminilidade. Ela era ambiciosa a esse ponto" (MANN. *José e seus irmãos*, p. 1.164). De acordo com Thomas Mann, Tamar não deseja Judá para vivenciar sua sexualidade, mas por amor a uma ideia. O autor interpreta o seu comportamento a partir do final, do nascimento do príncipe da paz, Jesus. Ele toma a genealogia de Jesus que nos leva a Mateus. Mateus nomeou Tamar junto de outras três mulheres em particular: Rute, Raabe e a mulher de Urias (Mt 1,3-6). As quatro mulheres são estrangeiras: elas vêm de outra cultura, de um outro mundo e quebram o fluxo da tradição. Essas mulheres mostram que em Jesus algo diferente acontece, algo divino.

Thomas Mann apresenta com clareza o importante papel das mulheres no nascimento do Messias: "Ele chegou por meio da mulher e, disso, o que é justo é ligado apenas no ponto mais fraco. A primeira promessa foi o ventre feminino (Gn 3,15). Isso devido aos homens!" (p. 1.166).

Tamar se encaixa no perfil da imagem arquetípica da fera. A mulher fera é livre, não faz aquilo que é esperado pelos outros; ela faz o que quer, o que acredita. Ela não se orienta de acordo com as normas da sociedade; ela vive de suas crenças, de seu desejo pela fertilidade e pela vivacidade. Não tolera passivamente o que é feito a ela; toma iniciativa e arrisca sua vida. Tamar tem a coragem de fazer aquilo que, naquele tempo, era punido com a pena de morte. Ela sabe que tem razão: ao privá-la de se relacionar com seu filho Selá, seu sogro também tirou seu direito à vida. Então ela se apega à estratégia que pode ser perigosa. Nessa estratégia, Tamar não se apega às normas morais: ela se faz de prostituta para poder engravidar e, com isso, manter sua posição na sociedade.

Aqui fica bastante claro que a Bíblia não é tão moralizante como os dias atuais, não apenas na Igreja como também fora dela. Tamar age de acordo com sua intuição e ela tem razão. Sim, Mateus a coloca conscientemente junto com as mulheres que precedem Maria. Assim como Maria, Tamar também concebeu seu filho de maneira incomum. Deus, assim, pode "escrever certo por linhas tortas". Ele mostra sua cura como quer, não como os homens a imaginam.

Uma fera como Tamar é, ao mesmo tempo, uma mulher livre. Livre porque é independente dos preconceitos dos homens. Ela sabe que esses preconceitos não guiam sua vida; é sua intuição que o fará. Muitas vezes, essa intuição fica escondida em nós mulheres e somente é encontrada quando nos ouvimos atenciosamente e somos sensíveis àquilo que sentimos no nosso íntimo. É nossa autopreservação que nos permite perguntar: Devo ir ou ficar? Esperar ou me apressar? O que é saudável para mim? Tamar teve que se perguntar: Como ter meu direito preservado em minha vida?

É este desejo de viver que nos leva a desenvolver ideias iluminadas e a mostrar empenho apaixonado quando desejamos seguir um novo caminho em nossas vidas. Se esperarmos até que outros façam por nós, ficamos dependentes. A fera que há em nós encontra suas próprias forças para mudar algo na vida. Ela sente o que é certo para si e age de tal forma mesmo que pareça estranho aos demais. Ela confia em sua voz interior mais do que na voz dos outros, que querem obrigá-la a se adaptar. Ela segue seu instinto, a confiança em sua força interior. Isso torna a mulher selvagem e, ao mesmo tempo, internamente livre. A mulher fera reconhece sua chama interior, o que tem de indomado em si; não tem inibição, e por isso vive sua alegria como alegria e sua dor como dor. Como mulher adulta, não perdeu suas origens.

Mas com que frequência nós, mulheres modernas, não contemos nossa alegria? Não sobrou muito daquilo que é indomá-

vel. Quando, por exemplo, em um convite para sair, recebemos algum presente, costumamos dizer: "Não precisava". A mulher fera reagiria diferentemente; ela mostraria sua alegria aberta e claramente, como uma criança, porque ela não precisa se conter.

A mulher fera é, assim, sempre inadequada quando os outros restringem sua vivacidade, porque ela segue seu instinto, ao invés de renegar sua natureza. Ela dá a si mesma o espaço que precisa para viver.

Muitas mulheres ligam a imagem da fera à mulher que quebra todas as barreiras e se orienta apenas de acordo com aquilo que deseja. Essa é uma imagem que serve a mulheres que, durante tempo demais, adaptaram-se às condições que ela mesma se impôs ou que foram impostas a ela. Isso mostra, todavia, que a mulher selvagem viveu por muito tempo em um limite que não corresponde verdadeiramente à sua natureza.

Muitas mulheres suportam essas condições limitantes e agem passivamente até que percebem ter perdido sua força e vivacidade. Com frequência, as mulheres precisam primeiro chegar à necessidade para então redescobrirem a fera em si mesmas. Então elas conseguem se libertar das restrições que se impuseram. De repente, têm acesso novamente à sua forma indomada, e sentem como é sua verdadeira natureza e quem elas realmente são. Elas reconhecem que precisam mudar seu papel, assim como Tamar, para receber aquilo que precisam para suas vidas. Para isso, precisam ser ativas e agir para se sentirem vivas e poderosas. A mulher fera também quer viver a alegria em sua força.

Muitas vezes as mulheres associam à imagem da mulher selvagem a mulher impetuosa ou a rebelde, a mulher problemática ou a bruxa. É interessante que a mídia hoje exalte como exemplo imagens que eram antigamente vistas negativamente. A problemática é exaltada porque sabe viver melhor, mas, quando se observa atentamente o que ela representa, é possível reconhecer nela a imagem arquetípica da mulher fera, que toma posição frente à vida.

Ou então as mulheres são chamadas a libertar sua impetuosidade, sua fúria. A fúria representa o louco e o furioso (fúria = loucura). Os gregos apresentam a fúria com cobras na cabeça; o fogo sai de seus cabelos e sua boca. Na Grécia, a fúria tinha a imagem aterrorizante dos espíritos vingativos. Antigamente Xantipa, mulher de Sócrates, foi o exemplo negativo de uma mulher infeliz que trazia dificuldades para seu marido; hoje, ela é vista como exemplo. Como Xantipa mostrou a Sócrates quem tinha a voz em casa, assim também a impetuosidade se colocará contra o homem que se vende para a sociedade como exemplo de virtude ou de organizador capaz. Xantipa rasga a máscara onde se esconde o homem. Mas tal comportamento nunca gera coisas boas e representa apenas a caricatura da independência da mulher. Já outras mulheres se denominam bruxas. A bruxa representa o indomado, a força que vem de seu interior.

Em todas essas imagens das mulheres encontra-se algo positivo. Ao final, é sempre a fera que se expressa por meio dessas imagens. Mas há também excessos e deturpações do verdadeiro arquétipo. Quando essa mulher selvagem não é vivida durante muito tempo, ela acaba se expressando por meio desses exageros. Por isso é importante que as mulheres fiquem em contato com seu lado selvagem: para que elas precisem dos excessos e possam viver da força que está nelas. A imagem da fera abre para elas o potencial para as energias indomáveis e desinibidas que se encontram em cada mulher.

A mulher selvagem conhece seu lado de fogo e não tenta esconder suas energias destrutivas e sua ferocidade. Na verdade, aprendeu a lidar com elas cuidadosamente. Toda mulher conhece seu lado destrutivo, seu ódio, sua raiva e sua maldade. Não é preciso que a mulher os tire de sua vida; pelo contrário, no decorrer disso ela pode reconhecer sua sabedoria e seus dons. Assim, essas energias podem se transformar em forças construtivas que movimentam sua vida. Da mesma forma, a mulher fera vive sua delicadeza e compaixão por tudo o que é vulnerável; sua força serve à vida.

A fera não vive sua feminilidade contra o homem porque reconhece suas próprias forças e permite a força masculina. Ela vê o masculino como enriquecimento para si mesma. Assim, ela não precisa projetar sua força no homem, porque vive sua própria força. Ela não usa o homem como opressor e reconhece que é ela mesma quem pressiona sua força.

Quando se trata de uma decisão como, por exemplo, as férias, muitas vezes as mulheres se sentem oprimidas pelos maridos. Elas relatam que é o homem quem decide ou, então, o que elas desejam não é levado a sério. Nas conversas fica claro que o homem diz o que ele quer, mas a mulher ainda está insegura. Talvez ela precisasse de mais tempo para si, para poder se decidir. Mas como ela não diz isso claramente, o homem acaba decidindo e a mulher aceita, de alguma maneira, apenas parcialmente. Em outra ocasião, completamente diferente, a mulher então diz que as vontades do homem são sempre preenchidas, mas as dela não.

Se não mostramos ao homem claramente o que nós realmente sentimos, se simplesmente aceitamos quando não deveríamos; se não mostramos nossos limites porque nós mesmas não os respeitamos, ao invés de mostrarmos nossa força, nós a estamos pressionando. Nós a delegamos ao homem e a combatemos.

A fera deixa claro aos demais que ela se leva a sério. Ela não se anula, lida com sua ferocidade e vive sua força. Ela sabe que movimenta as coisas, que alcança aquilo que é importante para ela. Uma mulher fera é aquela que se mostra como é. Ela é clara e verdadeira em sua expressão, traz as coisas ao ponto. Uma mulher que demonstra essa clareza em uma conversa parece sempre estimulante e contagia os demais. Perto dela outras pessoas também se tornam claras e abertas.

Em discussões na direção da loja, nas conversas do grupo de trabalho ou em reuniões de agremiações, é, em geral, a mulher fera que avança com o diálogo. Ela reconhece os atritos nos quais os homens se envolvem e os conduz ao verdadeiro problema. E assim ela contribui para a sua solução.

O importante é que a mulher fera se sinta confiante em dizer o que tem a dizer, agrade essa postura aos outros ou não. Isso é secundário para ela. Antes de tudo, ela deve gostar de si e aceitar o que é dela e, ao longo disso, torna-se livre da opinião dos outros.

Este é um longo caminho para a mulher fera. Ela ainda encontra os comentários depreciativos dos outros que a desestabilizam. Nesses casos, suas forças são colocadas à prova em seu limite. Ela não permite que seus valores sejam determinados pelos outros.

Uma mulher contou, durante um curso de final de semana, que um homem a diminuiu durante uma conversa por conta de sua maneira feminina de pensar e agir. Ela reagiu prontamente e disse que não permitia ser julgada por ele. Essa mulher se surpreendeu com a reação do homem, que imediatamente voltou atrás e se desculpou com ela.

Além disso, o selvagem na mulher não teme a sexualidade e a corporalidade. Ele permite que a mulher sinta o erotismo advindo de sua alegria em ser mulher. Ela não precisa ser notada ou admirada pelo homem para se sentir sexy. A mulher quer simplesmente viver e expressar sua feminilidade. Dessa maneira, ela alcança sua sensualidade e seu sex appeal e se encoraja para viver sua sexualidade.

Infelizmente, muitas mulheres perderam a alegria por sua feminilidade. Elas viveram a desvalorização de sua sexualidade na sua educação, não se sentem livres para desfrutá-la com naturalidade. Avaliações moralizantes e sentimentos de culpa têm efeitos em longo prazo na mulher. Mulheres virgens se sentem hoje em dia presas porque a erotização pregada pela mídia no mundo mostra a elas uma imagem que não conseguem preencher. Nesses casos, é preciso que sua faceta indomável tome a frente e a liberte dessa imagem, impedindo que os outros definam sua sexualidade e seu erotismo.

Principalmente as mulheres que sofreram violência sexual podem reencontrar a imagem da fera com a ajuda de outras.

Elas precisam encontrar o acesso ao seu lado ardente, para o indomável que lhes mostra, onde ninguém pode desfazer sua força interior. Uma imagem forte dessa força é mostrada por duas jovens mulheres belgas que foram vítimas de abuso quando crianças. Elas encorajam outras mulheres a não permitirem que seu lado selvagem seja destruído.

Mesmo quando as normas de uma sociedade limitam a vida de uma mulher é preciso que a fera emirja dessas normas. A liberdade dessa mulher se mostra quando ela pode escolher se prefere se posicionar de acordo com a sociedade em vários assuntos ou se é mais importante para ela, naquele momento, manter a atenção em si mesma e, com isso, poder suportar a solidão.

Durante minha permanência em Allgäu eu me relacionei com muitas mulheres feras. Por estarem bastante conectadas com a natureza, elas têm também uma boa ligação com sua própria natureza. Claro que deve haver muita adaptação para essas mulheres, mas o indomável sempre aparece. Elas conhecem o ritmo do crescimento e da decadência da natureza e o tomam para si como força vital.

Quando uma mulher vive da relação com a natureza, ela pode agir ativamente; mas ela também sabe quando é o momento de se recolher para recompor suas forças. Por meio da observação da natureza, ela é capaz de criar seu tempo de desenvolvimento: ela sente quando é o momento de promover a mudança de uma dada situação.

A imagem da fera gera sentimentos confusos nas mulheres de hoje em dia. Por um lado, as mulheres ficam fascinadas com a imagem. Elas pressentem algo de liberdade, vida e força que se encontra no arquétipo, mas também têm medo dessa imagem, têm medo do que a sociedade irá dizer ao mostrarem esse lado. Algumas já estão muito domesticadas para permitirem que seu lado indomado viva.

No meu seminário, as mulheres fizeram as seguintes associações com a mulher selvagem:

- *"Eu gostaria de poder ser assim, mas não tenho confiança o suficiente para isso."*
- *"Acontece muito pouco, porque, por conta da minha educação, sentimentos como a presunção foram reprimidos."*
- *"Eu sinto constantemente que quero vivê-la, para que ela me ofereça vivacidade, amor à vida, independência, criatividade e força."*
- *"Eu a sinto com frequência em mim, mas a vivo muito pouco porque eu tenho medo; medo da raiva, medo da minha força, da crítica, das ofensas. Medo de me mostrar de verdade."*

Viver o seu lado mais indomável pode amedrontar as mulheres porque não são mais as mulheres queridas e discretas. E a necessidade de popularidade é, para muitas, mais forte do que a vontade de viver isso. Muitas mulheres não se alegram, mas se assustam com sua força. Tal força foi tão reprimida, a ponto de poder explodir caso seja expressa. Mas esse lado selvagem quer colocar as mulheres em contato com uma força que não achata, mas sim endireita; uma força que indica uma direção clara, ao invés de espalhá-la.

Uma possibilidade de viver seu lado selvagem é dizer o que todas as mulheres carregam em si: "Às vezes é muito difícil posicionar-me como fera, apesar de toda resistência e recusa. Eu quero ser aceita, eu faço parte da sociedade. Mas a mulher fera que está em mim espalha energia, charme, riso, desejo... às vezes isso é espantoso".

Outras mulheres dizem que gostariam de ser a mulher selvagem, mas não confiam em si mesmas o suficiente. Uma senhora relatou como sua filha vivia essa ferocidade. E, nesse lado selvagem de sua filha, ela reconheceu que dentro dela também deveria haver um pouco dessa força indomável. Sempre que uma mulher se sente cansada e desgastada, é um sinal de que se afastou desse arquétipo. Quando ela se coloca em contato com ele, então irradia energia, charme e vontade de viver que são, em seguida, internalizados. Muitas mulheres que dirigiram suas famílias em momentos de dificuldade, como nos tempos de guerra, estiveram em contato com a mulher selvagem porque tinham energia ilimitada dentro de si.

As seguintes imagens também conectam as mulheres à mulher fera: "explodir, gritar, não ter cuidado, erotismo. Mostrar quem eu sou! Fazer o que se quer. Pensar em si mesma. Autorrealização. Liberdade, alegria, dança, riso, choro. Viver completamente os pontos altos e baixos da vida".

Esses são os desejos primordiais que toda mulher possui. No entanto, muitas vezes a educação domou esse lado da mulher. Não se trata apenas de viver o selvagem acima de tudo. Ela precisa apenas conhecer sua força indomável e sentir quando ela deve utilizá-la. Uma mulher escreveu: "Eu amo o dia a dia e a rotina, eu não preciso tampouco procurar aquilo que é selvagem".

Para essa mulher não é o momento de viver o selvagem. Ela vive outra fase na qual são requeridas outras qualidades. A mulher não precisa ser selvagem o tempo todo.

Tamar era, a princípio, apenas uma esposa normal. Somente quando seus direitos foram negados, ela faz uso da mulher fera. Há na vida de cada uma diferentes fases nas quais diferentes imagens arquetípicas são ressaltadas. Sempre que a mulher reclama da repressão masculina, ou quando ela exige demais de si mesma ao se subordinar às expectativas dos outros, é preciso se colocar em contato com a fera, que foge desse círculo vicioso das expectativas; que faz simplesmente aquilo que lhe parece certo; que segue o que sua voz interior sugere, e alcança com força e sensatez o que é necessário para sua vida.

O indomável em uma mulher não permite que ela se enfraqueça, que a sua vida seja limitada. Mesmo o sofrimento por uma situação pode levá-la a tentar mudar apaixonadamente sua vida para o bem. Quando a mulher é ativa e ousa caminhar por caminhos inusitados, ela irá perceber que sua vida é guiada por sua força feminina.

Na sua experiência de dor, a fera encontra a força primordial da sua feminilidade. Ela reconhece quando deve abandonar o passado para ganhar uma nova vida. Desse conhecimento interior sobre a mudança da vida, ela pode opor sua força à sua dor. Ela sabe que não é a primeira e tampouco será a última a viver aquela situação. Seu instinto vital diz a ela que nenhum momento da vida é apenas difícil. Essa mulher busca também na dificuldade a leveza, e a encontra. É sua força mais profunda que a auxilia a carregar com mais leveza as dificuldades em sua vida.

Para reencontrarmos a fera que vive em nós precisamos de imagens de outras mulheres que se libertaram, além de ser preciso lembrar as meninas em nós, em situações nas quais ainda nos sentíamos indomáveis e livres. Nossa tarefa é unir a espontaneidade e a naturalidade da criança à mulher madura que nos tornamos.

Anselm: Como você vive a mulher fera? Em que situações particularmente você precisa dela? E como você lida com o julgamento ao seu redor quando mostra esse lado?

Linda: *Quando criança eu certamente experenciei algo de nossa mãe, mas, quando ela estava junto de suas três irmãs, essa situação era uma imagem cheia de feminilidade. Ela era enérgica e cheia de vida e eu queria muito seguir essa imagem. Mas houve anos em que a fera que vivia em mim não tinha muito o que celebrar. Ela estava muito limitada. Claro que ela dava sinais, mas eu não a vivia com toda a força. Mas, sempre que eu me lembrava da menina em mim, então ela estava lá, e, quanto mais velha eu me tornei, cada vez mais eu me deparei com essa origem.*

A fera ajudou a me libertar de muitas coisas que antes eram importantes para mim. Ela me mostrou quando eu deveria abandonar o passado e estar aberta para o novo.

A faceta da mulher selvagem me mostra claramente quão importante é a ligação com outras mulheres. Vivenciar a força e a vontade de viver de outras mulheres e poder me fortalecer com isso é sempre enriquecedor. Quando me sinto esgotada e desanimada, eu sei que me inclinei demais para a adaptação e muito pouco para o indomável. Mas é exatamente isso que me mantém alerta sobre minha verdadeira natureza.

Nos relacionamentos, eu preciso dessa faceta quando outras pessoas querem me monopolizar ou quando, durante uma conversa, fazem rodeios. Então eu redireciono a conversa para seu ponto principal porque apenas assim haverá algo mais produtivo. Eu também preciso da mulher fera particularmente quando eu cedo. Minha voz interior me diz: "pare de reclamar, deixe para lá o que ficou para trás, veja as conclusões e se torne ativa". Isso me dá força e coragem para me agarrar a algo novo a ser realizado.

A opinião dos outros sobre meu lado indomável me incomoda menos hoje em dia. Eu sei o que é certo para mim e o que eu preciso. Na verdade, as pessoas que têm acesso ao indomável em si também fomentam a mulher fera em mim e jamais a limitarão. Quem é livre internamente pode deixar todos os outros livres. Para mim, sinceramente, esse é o aspecto mais importante da mulher selvagem.

Posfácio

Em meus seminários com o tema "Rainha e fera" apresento sete imagens de feminilidade. Anselm as relacionou a imagens femininas da Bíblia e acrescentou ainda outras sete. Assim, chegamos ao total de quatorze imagens femininas que querem mostrar o que a feminilidade pode ser: pode ser artística e sábia, amorosa e maternal, sorridente e lutadora, real e selvagem. A feminilidade pode ser tão colorida quanto o arco-íris.

Quando falamos das imagens arquetípicas trata-se de uma experiência emocional que mexe com as pessoas desde sempre. Nessas imagens são exploradas forças e experiências vividas por toda mulher. Elas podem ser ou não conhecidas das mulheres, mas, de todo modo, expressam sua feminilidade. Os arquétipos discutidos neste livro não cobrem toda a pluralidade que é ser mulher, mas mostram claramente o que as mulheres podem alcançar ao não permitirem ser guiadas por outras pessoas e viverem a partir de suas próprias forças. Elas devem ter coragem, até mesmo nas situações difíceis, de confiar em si mesmas.

As mulheres descritas nas quatorze imagens assumiram responsabilidades, suas vidas tinham valor. Elas tomaram uma decisão e essa decisão gerou novas energias. Ao invés de reclamarem de uma dada situação, elas fizeram uso de sua força interior para mudar algo em suas vidas.

Ao mesmo tempo, nenhuma dessas mulheres eram mulheres ideais: a maioria delas encontrou suas forças quando já estavam no fundo do poço. Por isso, experimentaram a desvalorização e a falta de direitos, além de abandono e impotência, até finalmente estarem prontas para se reerguer. Durante muito tempo, esperaram as soluções das outras pessoas, até a necessidade se tornar cada vez maior. Só então entenderam que a solução estava dentro delas. Essas mulheres sentiram que carregavam em si toda a força necessária para satisfazer suas necessidades.

Não é diferente para nós, mulheres, na atualidade. Nós também conhecemos o sentimento de sermos vítimas das circunstâncias e esperamos que os outros as modifiquem. Muitas vezes, mulheres vinham até mim e diziam: "Ah, eu não consigo mesmo", quando se sentiam vítimas de uma dada situação. "Se meu companheiro, meu filho, meu colega ou minha situação fosse outra, certamente eu me sentiria melhor." Preferimos suportar a situação ao invés de usar nossa agressividade como força para mudar nossa posição. E é justamente com essa força que nós movimentamos nossa vida. Os demais também devem, com isso, mudar sua postura, o que pode levar a algo novo e mais vivo.

A lutadora em nós diria para a vítima: "Utilize suas forças e se mantenha de pé! Mostre suas condições e diga do que você precisa!" A rainha que está em nós certamente diria: "Não se diminua! Endireite-se e mostre sua importância! Busque o seu valor. Respeite suas forças e aceite responsabilidades. Seja a dona de si mesma!"

A força da mulher fera nos despertaria: "Jogue para o alto sua simpatia e sua amorosidade! Não se ajuste quando isso não fizer bem a você. Mostre seu lado mais ardente quando alguém ultrapassar seus limites. Ouça o que seu íntimo diz. Aja de acordo com sua intuição, não de acordo com aquilo que esperam de você. Faça o que é certo para você; do contrário, ninguém o fará". Nós temos uma paleta muito rica que nos ajudará a decidir qual faceta nos faz bem e nos fortalece.

Assim como as imagens femininas estudadas aqui, nós também passamos por períodos de necessidade, até que nos sentimos prontas e nos reerguemos. Nós permitimos que as outras pessoas coloquem sobre nós sentimentos de culpa, quando queremos simplesmente ser aquilo que somos. Prendemo-nos à raiva porque a vida seguiu diferentemente daquilo que esperávamos. Permitimos sermos julgadas e, com isso, perdemos nosso valor. Suportamos sem agir e nos condenamos por aquilo que não fizemos. É exatamente como nas imagens arquetípicas: pode ser justamente o momento em que unimos nossas forças para podermos nos reerguer.

Nós temos que renunciar à autocondenação. Acreditamos que não deveríamos ter tantas fraquezas, que deveríamos ser fortes e soberanas; no entanto, não somos mulheres ideais, somos mulheres reais, que lidam com tudo aquilo que nos constitui. Somos como Eva, a mãe dos seres viventes. Isso implica que somos também a menina desamparada, que sente tardiamente quando alguém nos enfraquece com uma observação, a ponto de estarmos tão sensíveis para senti-lo. Isso implica também confessarmos que não lidamos com algumas situações como gostaríamos. É a força do amor que nos ganha onde estamos. A mulher sábia nos ensina a reconhecer e deixar ser o que qui-

sermos. Ela nos mostra o caminho para não nos mantermos na autopiedade e nos incita a fazer algo contra isso. E somente nós mesmas conhecemos nossa natureza; nós sabemos quando nos tornamos maduras para mudar nossa condição. É a mulher selvagem que nos guia e nos diz qual o momento de mostrar nossa força e nossa beleza. Ela conhece a natureza e não exige o florescer no inverno. Ao contrário: ela dá o tempo necessário para a maturação porque confia na força da sua natureza. Essa confiança na sua natureza a torna livre para tomar a melhor decisão, como uma rainha em seu reino.

As imagens femininas nos mostram que sempre haverá tempos difíceis e insatisfatórios. Mas essas mulheres não se deram por satisfeitas com isso: elas decidiram reunir suas forças para mudar algo para o bem. As mulheres podem até hoje se orientar nesses exemplos.

Quando confiamos em nossa intuição feminina, quando algo passa e sobrevive, sabemos o que deve ser feito para melhorar nossa posição. Algumas vezes é preciso que percamos tudo para encontrarmos o amor e a estima. Então, este amor à vida é poderoso e respeitamos nossos sentimentos e nossa vontade pela vida. Esse respeito nos leva a agir, porque sabemos que ninguém pode tomar as responsabilidades em nosso lugar, além de nós mesmos.

Ouvir nossa própria voz tem como consequência a necessidade de mudança. Mas muitas vezes a necessidade de mostrar algo novo se liga ao medo de abandonar o passado. Nós nos sentimos confusas por não sabermos o que é mais importante: o medo ou a vontade do novo? A rainha em nós sabe sua decisão. Ela pergunta pelo valor: O nosso valor é a confiança e a segurança, ou o risco e a curiosidade? Ela opta por aquilo que mais significa, onde mais sente sua vivacidade. Todas nós carregamos as responsabilidades e as consequências por nossas decisões. A rainha não se enfraquece ao avaliar o que fez: "essa decisão foi errada". Isso significa que sustentamos nossas decisões. Tivemos uma experiência e por intermédio dela podemos tomar novas decisões. Essas mulheres da Bíblia agiram por conta própria e aceitaram as consequências, o que as libertou de dependências antigas. Elas se tornaram rainhas em seus reinos, tornam-se responsáveis e independentes.

Em suas vidas, essas mulheres também passaram pelo desprezo de sua feminilidade, mas não permitiram ser determinadas por isso e encontraram sua própria estima. As mulheres de hoje também podem seguir isso: nós nos sentimos muitas vezes marcadas pelos valores cristãos de nossa cultura e conhecemos, na maioria das vezes, as histórias da Bíblia nas quais Jesus se depara com mulheres. Mas não internalizamos os seus dizeres. O comportamento de Jesus com as mulheres é claro e inequívoco: Ele não as desvaloriza ou minimiza; não moraliza, quando elas desviam das normas da sociedade. Ao contrário, Ele respeita seus valores femininos e as leva a respeitarem a si mesmas. Com isso, suas vidas se modificam.

Toda mulher pode ser sua própria guia. Quantas vezes nós não aceitamos nossos próprios valores e escolhemos, ao invés disso, a inferioridade que já nos foi atribuída em algum momento de nossas vidas? É chegado o momento de nos libertarmos de tais limitações masculinas e de vivermos dos nossos próprios valores.

Não vivemos todas as imagens ao mesmo tempo; por vezes, expressamos apenas um aspecto. Não se trata de ser sempre a rainha ou a fera, porque nossa feminilidade é multifacetada. Devemos nos perguntar em cada situação: Qual faceta está faltando aqui? É a mulher sábia, que não vê apenas a realidade externa, mas sim mais profundamente, e me leva a um novo conhecimento? Ou é a lutadora, que deixa seus limites claros para preservar sua dignidade? É a mulher transformada, que sente o que está parado e precisa ser modificado? Será que preciso da artista, que deixa de lado as obrigações para se dedicar, por um momento, à leveza? Qual imagem me daria força aqui? Do que eu tenho vontade? O que me traria alegria de viver?

Nossas forças nos foram dadas para as utilizarmos e nos libertarmos nelas. Temos todas as facetas da feminilidade em nós e podemos conectá-las umas às outras. Ao ser rainha, sou ao mesmo tempo indomável e sorridente.

Nesse sentido, desejo a todas as mulheres que se envolveram com as quatorze imagens deste livro que descubram o potencial que está em sua alma, e que aceitem como uma tarefa emocionante desenvolver justamente esse potencial para, com ele, encher o nosso mundo desses valores femininos e, por meio deles, tornarem-se cada vez mais humanas – coloridas, calorosas e amorosas.

Nós gostaríamos de encorajar todas as mulheres a confiar em sua intuição feminina e mostrar sua força. E gostaríamos de estimulá-las a se alegrarem em sua feminilidade e viverem o que SÃO.

Referências

ALITI, A. (1994). *Die wilde Frau:* Rückkehr zu den Quellen weiblicher Macht und Energie [A mulher fera: o retorno à fonte feminina de poder e energia]. Hamburgo: [s.e.].

BISCHOF-KÖHLER, D. & BISCHOF, N. (1989). "Der Beitrag der Biologie zu einer Anthropologie der Frau" [A contribuição da biologia para uma antropologia da mulher]. *Die Frau in der Sicht der Anthropologie und Theologie* [A mulher sob o olhar da Antropologia e da Teologia]. Herlinde Pissarek-Hudelist/ Düsseldorf: [s.e.], p. 91-119.

BOLEN, J.S. (2002). *Feuerfrau und Löwenmutter* – Göttinnen des Weiblichen [Mulher de fogo e mãe leoa – As deusas do feminino]. Düsseldorf/Zurique: [s.e.].

_____ (2001). *As deusas em cada mulher* – A deusa interior. São Paulo: Planeta.

CADALBERT-SCHMID, Y. (1992). *Sind Mütter denn an allem schuld?* [As mães têm, então, culpa de tudo?]. Kösel/Munique: [s.e.].

DAHM, U. (1997). *Die Kraft des Nein:* Wegweiser zur Entscheidungsheit für Frauen [O poder do não: roteiro de decisão para mulheres]. Munique: {s.e.}.

ESTÉS, C.P. (1999). *Mulheres que correm com lobos* – Mitos e histórias do arquétipo da mulher selvagem. Rio de Janeiro: Rocco.

FROMM, E. (1995). *A arte de amar.* Rio de Janeiro: Martins Fontes.

GERL, H.-B. (1989). *Die bekannte Unbekannte* – Frauen-Bilder in der Kultur- und Geistesgeschichte [A desconhecida conhecida – Imagens de mulheres na história da cultura e da humanidade]. Mogúncia: {s.e.}.

HARDING, E. (1998). *Os mistérios da mulher.* 4. ed. São Paulo: Paulus.

LARISCH-HAIDER, N. (1996). *Frau sein, Mann sein* – Der Weg zu einem neuen Verständnis [Ser mulher, ser homem – O caminho para um novo entendimento]. Munique: {s.e.}.

MATLARY, J.H. (2001). *Blütezeit:* Feminismus im Wandel [Florescência: O feminismo em transformação]. Augsburgo: {s.e.}.

MOTTÉ, M.; ESTHERS, T. & JUDITHS, T. (2003). *Biblischen Frauen in der Literatur des 20 Jahrhunderts* [As lágrimas de Ester, a coragem de Judite – Mulheres bíblicas na literatura do século XX]. Darmstadt: {s.e.}.

NEUMANN, E. (1996). *A grande mãe.* São Paulo: Cultrix.

OHLER, A. (1987). *Frauengestalten der Bibel* [Formas femininas da Bíblia]. Wurtzburgo: {s.e.}.

PLESSNER, H. (1941). *Lachen und weinen* [Rir e chorar]. Tubinga: [s.e.].

RIEDEL, I. (1995). *Die weise Frau in Märchen und Mythen* [A mulher sábia nos contos e mitos]. Munique: [s.e.].

SCHWELIEN, M.; MOLTMANN-WENDEL, E. & SAMER, B. (1994). *Erde, Quelle, Baum:* Lebenssymbole in Märchen [Terra, fonte, árvore: Símbolos da vida nos contos]. Estugarda: [s.e.].

SPENDEL, M. (2002). *Mit Frauen der Bibel den Glauben feiern* [Celebrando a fé com mulheres da Bíblia]. Friburgo: [s.e.].

THAEDE, K. (s.d.). "Frau" [Mulher]. *RAC*, p. 197-269.

WALTER, K (1986). *Frauen entdecken die Bibel* [As mulheres descobrem a Bíblia]. Friburgo: [s.e.].

WEISER, A. (1989). "Die Frau im Umkreis Jesu und in den urschristlichen Gemeinden" [A mulher em torno de Jesus e nas comunidades não cristãs]. *Die Frau in der Sicht der Anthropologie und Theologie* [A mulher sob o olhar da Antropologia e da Teologia]. Herlinde Pissarek-Hudelist/Düsseldor: [s.e.], p. 120-137.

WOODMAN, M. (1987). *Heilung und Erfüllung durch die Grosse Mutter* [Cura e realização por intermédio da Grande Mãe]. Interlaken: [s.e.].

Conecte-se conosco:

 facebook.com/editoravozes

 @editoravozes

 @editora_vozes

 youtube.com/editoravozes

 +55 24 2233-9033

www.vozes.com.br

Conheça nossas lojas:

www.livrariavozes.com.br

Belo Horizonte – Brasília – Campinas – Cuiabá – Curitiba
Fortaleza – Juiz de Fora – Petrópolis – Recife – São Paulo

  Vozes de Bolso

EDITORA VOZES LTDA.
Rua Frei Luís, 100 – Centro – Cep 25689-900 – Petrópolis, RJ
Tel.: (24) 2233-9000 – E-mail: vendas@vozes.com.br